我与三弟争上

胡跃先 著

四川文艺出版社

图书在版编目（CIP）数据

我与三弟争上 / 胡跃先著. -- 成都：四川文艺
出版社, 2019.1（2022.1重印）

ISBN 978-7-5411-4889-7

Ⅰ.①我… Ⅱ.①胡… Ⅲ.①散文集—中国—当
代Ⅳ.①I267

中国版本图书馆CIP数据核字(2018)第297909号

WOYUSANDIZHENGSHANG

我与三弟争上

胡跃先 著

责任编辑	朱 兰 蔡 曦
封面设计	史小燕
内文设计	史小燕
责任校对	段 敏

出版发行　四川文艺出版社（成都市槐树街2号）

网　　址　www.scwys.com

电　　话　028-86259287（发行部）　028-86259303（编辑部）

传　　真　028-86259306

邮购地址　成都市槐树街2号四川文艺出版社邮购部　610031

排　　版　四川最近文化传播有限公司

印　　刷　永清县晔盛亚胶印有限公司

成品尺寸　142mm×210mm　1/32

印　　张　7.5　　　　　　　字　数　170千

版　　次　2019年1月第一版　　印　次　2022年1月第三次印刷

书　　号　ISBN 978-7-5411-4889-7

定　　价　48.00元

平凡人生的真实写照

◎胡跃先

如果有人要问我，你这本书的主题是什么，那我就这样回答你——兄弟之间的青葱岁月，平凡人生的真实写照。是的，这部书没有节外生枝的虚构，也没有浮华艳丽的辞藻，因为对亲人的最好怀念就是读他的书，继承他的遗志，完成他未竟的事业。那么争上的事业是什么呢？概括起来说就是他的精神价值，他毕生追求的理想情操，而这些都是不容亵渎的，更不能在文字上随意涂抹。基于这个原则，我写了他的一生，他的读书学习，他的工作生活，他的音容笑貌，他的壮志豪情，都是原原本本据实写来，既没有无限拔高，也没有轻描淡写。但是现在看来仍有诸多缺陷，比如日常生活的描述似乎少了，而重在一些大的线条的反映，这就不够生动。这一方面是他离家很早，我们相处的时间并不多，另一方面是作者力有所未逮，这是我应该感到歉疚的。

争上去世后，我和我的大哥建新、小妹爱平、我妻子廖琦专门到他生前的单位《中国水利报》去走访了报社的同志，大家对他的评价非常高，社长董自刚、副社长张焱、部门主任聂生勇，同事陈君、马小媛都对他的离世表示了深切的惋惜，很多人谈起他还几度落泪。大家都说争上是报社的栋梁之材，他每年要为报社创收七八十万，他在南水北调沿线各地都受到了大家的欢迎，是的，他甚至改变了《中国水利报》的办报风格，而他的文章更是《中国水利报》的一道靓丽的风景。同志们回忆到争上为人率直天真，他的文章不允许别人改动一个字，而他为大家排练的舞蹈也必须不折不扣地呈现出来，他是一个完美主义者，每年报社春节联欢会他们部门的节目都是第一名，都要拿一等奖，他走到哪里哪里就是歌声，哪里就是他舞蹈的身影。他在出发到朝鲜前身体本来有病，同事们都劝他放弃，但他说他是他们红色旅行团的文艺骨干，大家离不了他，他就这样走了，不带走一片云彩。

我的这部书名叫《我与三弟争上》，自然就离不开我本人的话题，对此我也是本着实事求是的精神来写自己，没有半点浮夸，这一点细心的读者看完全书自然会得出公正的结论。争上生前与我曾有两次创作上的合作，都是他策划，我执笔，但现在都只能成为遗憾了，请读者见谅。

感谢四川文艺出版社总编辑张庆宁女士，感谢责任编辑朱兰女士的鼎力相助和辛勤付出，好人一生幸福。

最后有七绝一首作为序言的结束：

李杜从来不自夸，
惺惺相惜两奇葩。
长安一握成知己，
共赋诗篇吐芳华。

2018年7月31日于成都青白江

北地南天共招魂

——深切悼念我最亲爱的三弟胡争上

◎胡跃先

　　我们全家得到我最亲爱的三弟——原《中国水利报》记者、作家胡争上在朝鲜不幸遇难的消息，犹如晴天霹雳，顿时都惊呆了。大家万分悲痛，忍受着巨大的煎熬，含着泪水，立即派出大哥建新，二哥跃先，小妹爱平汇同四川省、成都市、锦江区、合江亭街道办事处的相关领导赶赴沈阳紧急处理善后。

　　亲爱的三弟争上，我们在沈阳回龙山殡仪馆见到了你，但你我兄弟已是人天永隔，一个鲜活的生命就此凋谢了。看着你冰冷的遗体我们三兄妹号啕大哭，我喊着你的名字一声声地呼唤你："争上啊，争上，你是怎么了哇，你为什么会这样啊，你才57岁啊，争上，大哥二哥妹妹来接你回去了啊，争上，争上"。我哭我有着57年手足之情的三弟，我哭我有着超人才华的三弟，我哭我有着高尚情怀的三弟，我哭我有着伟大人格的三弟。我的大哥几度哽咽，我的小妹掩面痛哭。在沈阳回龙山殡仪馆，我们三兄妹和省市区街道办的领导同志，以及《中国水利报》的领导同志参加了你的遗体告别仪式，大家向你默哀致敬，对你的不幸遇难表示了沉痛哀悼。

亲爱的三弟争上，在中央省市领导的关怀下，你的骨灰于4月27日晚10时抵达成都双流国际机场，一路都是绿色通道，当我抱着你的骨灰来到贵宾厅时，早已等候在这里的家人和亲戚朋友已是哭声一片，随后我们把你的骨灰暂存在东郊殡仪馆。

亲爱的三弟争上，你知道我们还有一个96岁的老父亲啊，你遇难后我们一直瞒着他，白发人送黑发人将情何以堪。28日上午，在慎重周密商量后，在家人亲属的陪同下，有关领导将这一不幸消息告诉了老父亲。父亲老泪纵横，泣不成声，全场亲友又是哭声一片。

亲爱的三弟争上，28日下午我们在你成都的家东门大桥金海岸为你搭起了灵棚，把你生前最精彩最潇洒的照片挂了出来，遗像选的是今年春节在成都天府新区兴隆湖小妹爱平用手机为你照的，所有的照片都是你侄儿曹潮为你制作的。我们96岁的老父亲胡静中先生忍受着巨大的丧子之痛亲自为你撰写了挽联"一生好游走遍祖国风景名胜地，千古文章写下水利富饶锦绣篇"。我为你题了横批"魂兮归来"。从4月28日到5月1日，前来悼念的同志络绎不绝，多达上百人。《四川日报》，《四川农村日报》的领导、同事来了，你的初中高中大学硕士研究生同学来了，大竹老乡来了，大姑二姑三姑四姑外婆姨妈家的所有亲人来了，你远在广东新疆云南重庆的朋友来了，大哥建新大嫂增玉二哥跃先二嫂廖琦小妹爱平的朋友来了。所有家人和亲戚朋友都为你上了香烧了纸，很多人都是泣不成声，泪如雨下。

亲爱的三弟争上，你的墓地选在了龙泉驿长松寺，是我和大哥小妹为你选的，背山面水，松柏常青，左青龙右白虎，前有明堂，远处为笔架山。5月1日出殡这天，50多人为你送行，11辆小车组成一个车队，4个礼兵护送你的灵柩到告别室，法师为你念经拜忏，超度你的亡灵，祝你一路走好。长侄彦殊哭你一生潇洒走遍了祖国风景名胜地，一生豪迈写下了水利富饶锦绣篇，一生重情温暖了亲人朋友父老心，一生伟大赢得了生前生后名。小侄为希哭你，"飞凤歇，钱塘江上磨玉玦。磨玉玦，赢了春红，误了秋色。忽闻海上生明月，巴山蜀水共碧血。共碧血，扶他正气，写他忠烈。"彦殊哭拜，热泪飞进，感动了全场所有的人。为希叩拜，双膝跪地，牵动了全场亲友心。你的小妹爱平大嫂增玉二嫂廖琦侄媳肖璇更是放声痛哭，哭你的不幸遇难，哭你的英年早逝，哭你的超人才华，哭你的高尚情怀。

是的，我最亲爱的三弟争上，你不仅是中国作家、著名记者、著名媒体人，而且还是中共党史专家，国际政治研究学者，你的散文集《澎湃的江河》《开朗与腼腆》写下了祖国风景名胜地，温暖了多少亲人朋友父老心，是关于家乡关于祖国最动情的文字。而你的学术专著《两岸观潮》体现了两岸关系独有的见解，具有极高的学术价值。而你策划主唱的《音乐抗战》歌碟则是你音乐舞蹈天赋的艺术呈现。无论是你的散文，或者是你的学术专著，或者是你的抗战歌碟，都体现了你对祖国对人民对山川大地对故乡亲人的浓浓深情和拳拳赤子之心。哲人其萎，风华永在。我们将永远阅读你的著作，聆听你的歌声，缅怀你伟大的人格和超人的才华。

我最亲爱的三弟争上，你生得不平凡，走得不寂寞，风风光光，轰轰烈烈，草木含情，天地同悲。生命虽已凋谢，精神永放光芒。愿你安息，愿你早登天界，离苦得乐，位列仙班。呜呼哀哉！

尚飨！

仲兄　跃先

2018年5月3日5时于成都东门大桥金海岸

〈序三〉

来生再为亲弟兄

◎胡跃先

亲爱的三弟争上，你已逝去14天了，现在你已魂归故土，入土为安。57年前，我们同在四川大竹周家高峰小学，你一岁，我三岁，因为我们间隔不远，兄弟之间更多一份情缘。我们同唱一首歌，同背一首诗，同耍一个玩具，同饮一缸水。我穿旧了的衣服你接着穿，我走过的小路你跟着走。父母是小学教师，对我们四兄妹都期有所成，而你更是不甘落后。读小学时你是红小兵，读中学时你是学校文艺宣传队的骨干，从那时起你就表现出了音乐舞蹈天赋，你的舞蹈惊艳了整个周家中学，而你在大竹中学更是独领风骚，后来你在嘉陵江上读大学也留下了你的动人佳话，你不仅舞跳得好，你的文章也写得好，是大学的文艺青年，是班上的佼佼者。在你读大学期间我来看你，你带我到图书馆看书，到电影院看电影，在嘉陵江荡舟划船，吃川北凉粉。我们两兄弟志趣相投，指点江山，激扬文字。

1983年你大学毕业分在062航天基地担任理论教员，尔后调重庆石油学校担任政治教师，我和大哥建新小妹爱平送你到重庆，你陪我们参观鹅岭公园，朝天门码头。1990年我写出10集电视连续剧《泪洒扬子江》，你亲自推荐给重庆电视台导演。后来你考起浙江大学硕士研究生，攻读中共党史专业，你对党史和国际政治研究颇深，写出了极有学术价值的毕业论文《两岸观潮》，对两岸关系有独到的见解，受到党史专家的高度评价。此间你也曾多次来信就写作论文征求我的意见，而我的80句古风《铜锣招魂歌》，100句古风《中华百年歌》，70句古风《黄城冬日歌》也第一个交给你审阅，你看后大加赞赏，并交给你的同门师兄弟共同欣赏。三弟啊，几十年来你是"到处逢人说项斯"，对我的才华、我的成就大加宣扬。你在《四川农村日报》担任责任编辑的时候连载了我的长篇小说《四川军阀通俗演义》，你在《四川日报》担任天府周末版责任编辑的时候你发表了我的长篇散文《回望双星——忆沙汀与艾芜》《中共才子田家英》《成都解放大事记》，你在《中国水利报》南水北调专栏担任责任编辑的时候连载了我的旧体诗，我的旧体诗集《胡跃先诗稿》公开出版之后，你更是不遗余力地大肆宣传。

亲爱的三弟争上，你是我的知音知己，我们血脉相连，我们精神相通，我们互相欣赏，我们守望相助。你的散文集《澎湃的江河》《开朗与腼腆》写出了祖国风景名胜地，温暖了亲人朋友父老心，是关于祖国关于家乡关于亲人最动情的文字。而你的学术专著《两岸观潮》更是对两岸关系最富有真知灼见的独家文章，具有极高的学术价值，而由你策划主唱的《音乐抗战》则是你的发明创造。所有这些，二哥都是真心佩服你的，遗憾的是你生前二哥对你褒扬得太少，宣传得太少。而今我要对你说，你是中国作家，你是高级记者，你是著名媒体人，也是一个造诣很深的中共党史专家，国际政治研究学者。你具有很高的舞蹈天赋，说你是一个舞蹈家也毫不过分。你才华横溢，你博学多能，你是胡家最优秀的儿郎，你是家乡最可爱的才俊，你也是国家的栋梁之材，你为人谦逊，重情重义，对你的不幸离世二哥表示深切的悲痛和最大的惋惜。真是天妒英才，天道不公！

由于性格的原因，二哥一生坎坷，郁郁不得志，但你始终同情我，欣赏我。2000年我在上海浪迹江湖，又到北京漂泊，是你亲自到京沪把我接回成都，送我住院治疗。我们在黄浦江边并肩前行，我们在成都街头彻夜长谈。你不仅在精神上安慰我，而且在经济上资助我，我的儿子你也是钟爱有加。你对我的帮助太多太多，而我对你的帮助太少太少。你每年回到成都的时间太少太少，就是春节那几天时间，我有很多话都还没有来得及对你说，而今你却匆匆地走了，不带走一片云彩。每每想起这些我就忍不住热泪横流，哽咽难言。三弟争上啊，我们共同合作的30集电视连续剧《毛泽东和文艺家们》也将随着你的离去而化作流水，真是可惜可惜！

我最亲爱的三弟争上，今天是你的二七，我们全家要为你焚香祷告，二哥要为你斟酒，"把酒酹滔滔，心潮逐浪高"。三弟争上，今生你是我的亲兄弟，你是我的良师益友，但愿来生再为亲弟兄，祝你更加安好，更加风神潇洒，写出更加美好的文字，走出更加精彩的人生！

仲兄　跃先

2018年5月5日于成都东门大桥金海岸

目录

第一章　生在高峰

父母合影照

（1）

　　我和我最亲爱的三弟争上离开故乡二十多年了，但是故乡的山水时时萦绕在我们的脑海，那山那河流，那祠堂那黄桷树，那村庄和街道，都是一幅幅醉美的图画，每每念及无不感怀生动，总想以笔墨记录下来。但又怕自己才疏学浅，不能表达万一，辜负了好山好水，所以迟迟不敢下笔。但是故乡的确是我的根，我和我兄弟姐妹的精神家园，怎么能够忘记呢？

　　我的家乡在川东大竹县，三山两槽。三山就是明月山、铜锣山、华蓥山，县城竹阳镇在华蓥山与铜锣山之间，我的家在铜锣山与明月山之间。三山都不高，最高海拔就一千多米，但是树木葱茏，百鸟争鸣。无论是春天还是冬天，山上都是一派青绿色，或是水墨色。山上也有一些名贵的树，但更多的是芳香四溢的野花，比如春天开的迎春花就煞是好看，金黄色，一小朵一小朵的，在风中摇曳，一般在立春前后开。我小时看冯德英的小说《迎春花》，写解放战争时期胶东根据地革命斗争，生出无限的感慨，我母亲说我们这里也有迎春花，我便欣喜若狂。有一年，我和三弟争上，还有几个小伙伴到明月山去捡柴，他们一上山就四处踅摸，一会儿就是一大捆山柴，而我和争上却在那里张望着，我们在看什么呢？原来我们在看满山满岭的野花，小伙伴们都满载而归，而我们只有一小截木头，还是他们给我们砍的。我们是四五月份去的，漫山遍野的杜鹃花开得正好，杜鹃花也就是映山红，电影《闪闪的红星》插曲《映山红》里有句歌词"岭上开遍映山红"，我对此也有同感。

　　家乡的河流也不大，有两条河印象深刻，一条叫白水河，一条叫铜锣河。白水河离我家稍远一点，有一二十里，离我祖父母家较近，白水河边有一座古城堡叫黄城寨，我祖父母就住在寨脚。黄城寨在一片丘陵中拔地而起，四围绝壁，有两三百米高，地势非常险要，是民国初年到中华人民共和国成立初期川东一带比较大的封建堡垒，上面有很多达官贵人，为了躲避匪乱到这里来栖息，它的格局不亚于一座县城。有一副墓联说它的风水很好，是这样形容的——"气接黄城秀，向迎白水长"可见黄城寨和白水河在家乡人心目中的位置。我曾经有一诗一词记述黄城寨的巍峨，是这样写的——

七律　大竹黄城寨

一望悬崖顶上头，东川福地已千秋。

大王征战皇城渺，进士簪缨圣迹留。

滴水岩前磨铁剑，小东楼上射金鸥。

无穷感慨争天地，吟遍江南十二州。

南乡子　大竹黄城寨

此地古无州，寨上黄城多少楼。五百年来留恨事，忧忧，啼血杜鹃也急流。　军将亦多筹，争战江山几未休？　乱世风云遭敌手，无刘，毕竟英雄少计谋。

铜锣河就在高峰村我家门口，那里有个水库叫同心水库，水面很大，很开阔，水库里面还有很多小岛，从铜锣河过去有跳蹬，下面流水潺潺，游鱼可数，河边有很多芭茅和芦苇，还有一座碾坊，还有水车。我每次同我父亲、大哥建新、三弟争上去铜锣山捡柴挑煤都要经过这条河以及这座水库，每次看到这里的风景都令我流连忘返。铜锣河的下游就是黄雀滩，也就是我祖父母家门前的河流，河水碧绿清凉，也有小船，有时也涨大水。有一年我和争上还有妹妹爱平到我爷爷奶奶家去就遇到涨大水，我们冒险而过，至今想来仍很有趣。

我们家住在高峰村祠堂里，叫袁家祠堂，大殿魏峨高大，两旁有石刻对联"东汉门第高四世三公贵簪璎称阀阅，西川子孙众千秋万岁祠俎豆妥蒸尝"这里是全村的学堂，我父母就在这里教书，这里就是我们儿时的乐园。祠堂外面有三棵黄桷树，很大，腰围很粗，三四个人才抱得倒，而且树叶很茂密，亭亭如盖，一年四季都有很多人在它下面玩耍，那时我们爱玩一种游戏叫"杀国"，就是一群儿童和另一群儿童打斗，跑去跑来的，常常累得满头大汗，直到把对方的国王捉住方才算赢。我们每天就围着祠堂，围着黄桷树快乐地成长着。

故乡的街道也是很美的，叫周家场，那个时候就有三四条街，有两三华里长，相当于有些县城，每三天一场，逢场天人来人往，摩肩接踵，人声鼎沸。场镇上有七八个庙子，关帝庙、张爷庙、财神庙、药王庙、自生庙、山圣宫、禹王宫、万寿宫等等，惜乎中华人民共和国成立后都改作他用了，但是仍然可以见到昔日的风采。比如山圣宫和禹王宫就改作了周家高级小学，两个大殿很宽敞，还有花园，有丁香花和其他藤蔓，我们四兄妹随我父母到学校去开会都要在那里停留很久，看着那些花，再听听音乐老师的风琴声真是一种享受。如今四十多年过去了，故乡的山水，故乡的人物仍然清晰如昨。除此之外，故乡的凉水凉粉也很好吃，还有我们家乡的东汉醪糟也是一绝。东汉醪糟原名东柳醪糟，是用东柳河水浸泡的，香甜可口，其味甘醇。

（2）

我母亲黄达蓉，出身于一个地主家庭，1950年我母亲在黄城高小教书，教音乐。我母亲的声音很好，有金嗓子之称。那时我母亲还没有结婚，是一个青春少女。我母亲教学生们唱"春深如海，春山如黛，春水绿如苔，桃花正盛开。看那红球现出来，现出一个光明的世界。风小心一点吹，不要把花吹败。现在桃花正开，李花也正开，园里园外万紫千红一起开。桃花红，红艳艳，李花白，白皑皑，谁也不能采！"我母亲一边教学生唱歌，一边参加土地改革，回到家还要动员我外婆把浮财拿出来分给穷人。我外婆三十岁居孀寡妇，把我大舅，我母亲，我么舅拉扯大，很不容易，家里的三百石租还是我曾外公给我外婆的。所以我外婆很不情愿把家里的财产分给贫下中农，甚至宁愿把一些绫罗绸缎烧了也不拿出来。这个时候我母亲就要说她，我外婆终于接受了我母亲的劝说，把财产拿出来了，还获得了好评，成为开明地主。我母亲由于工作劳累患上了肺结核，咯血。书自然不能教了，我母亲从黄城寨走回我外婆的家，我外婆叫了一乘滑竿喊我母亲坐，我母亲没有坐，我母亲说现在解放了别人会说，我外婆说你是病人怕啥子，我母亲还是没有坐，坚持着自己走回家去，好多学生来送她，大家唱着歌目送着我母亲远去。

我的大舅也咯血，没过多久就病死了，丢下我舅母和两个小孩，我母亲一边在家治病，一边辅导两个侄儿读书。我外婆每天给我母亲煎药，还要到庙里去求菩萨保佑我母亲。我母亲本来怕吃中药，嫌苦得很，但抵不住我外婆的泪水，再加上一大家人的重担，我母亲就恨病吃药，半年之后奇迹般地好了。我母亲又回到了学校，在高峰村小学教书，并把两个侄儿也带到一起。白天教学校的学生，晚上教夜校，就是教那些不识字的农民认字，还要出黑板报。那时推广普通话，我母亲是大竹县第一批普通话教师培训班的学员，尽管身处农村，但几十年来我母亲一直坚持用普通话教学。因为我母亲与村里的群众关系很好，所以有很多农民有很多学生给她送米送菜，直到我们几兄妹出生长大，也仍然是这样。而大米则更多由我舅母送来，我母亲照顾着她的两个孩子，我舅母照顾着我的母亲。

（3）

我父亲胡静中，出身于一个中农家庭，大竹师范毕业，中华人民共和国成立前做过乡文书，经历过罗广文"清乡"等大风大浪，据说既是国民党又是共产党，能诗词，善书法，懂音乐，对传统文化有相当的研究，是一个典型的文化人。中华人民共和国成立后我父亲和母亲同在一个乡村小学教书，也就是周家高峰小学。学校在一个古老的祠堂里，祠堂高大巍峨，有石狮石柱，还有石刻对联，学生一两百人，分坐在两厢。每天当太阳升起，清风拂煦的时候，我的父母就早早地来到了教室，一会儿就传来了学生朗朗的读书声。我父亲教语文数学，我母亲教音乐体育。我父亲从"人手足口耳目"一直教到"我的祖国，我的家乡"，我母亲则从当时最流行的歌曲教起，"一条大河波浪宽，风吹稻花香两岸"我母亲的风琴弹得好，除了学生爱听，附近的农民也爱听。有时下雨，农民不下地了，他们就到学校来听我母亲唱歌，当然也听我父亲讲故事。我母亲唱得最多的是"万里长城万里长，长城外面是故乡"，而我父亲讲得最多的则是岳飞的故事。我的母亲一边唱歌一边弹风琴，还要教学生跳舞，我父亲就吹笛子或拉二胡，那些少年儿童们在我父母的教育下快乐地成长着。

每天下午放学的时候，我的父母还要把他们送回家里，有沟沟坎坎和小河沟这些，我的父母还要背着他们过去，直到交到他们父母的手里。我父母一边送学生回家，一边做着家访的工作，他们熟悉班上的每一个同学，他们的学业，他们的品德，以及他们的身体，我父母就这样在田间地头，在院坝，和农民们交流着，而一谈就是一个下午，或者一个晚上。而家长们也总是那么热情地招待着我的父母，拿出最好的水果，最好的食品给我父母品尝。当夕阳落山我父母才回到学校，开始批改作业。

每天早上，无论寒暑，我父亲都是最早起床，开始为一家人挑水做饭，而这时我母亲就做着整理屋子和催我们四兄妹起床的工作。我家的后院有一块菜园，我父亲总要从那里砍几棵菜给我们吃。记得冬天打霜落雪，我父亲也要从菜园里收拾几棵菜，往往手都冻僵了，但是当他看着我们几兄妹大口大口地吃饭时，他就舒心地笑了。而每天中午我父母更做着大炊事员的工作，离家很远的学生往往都要带饭到学校来，我父母就帮他们热。而冬天就用一个大蒸笼热，几十上百人的饭菜就从我父亲的手里传递到学生的手里，我父亲很多时候都是汗流浃背地做着这些而毫无怨言，而我母亲也生怕学生带的菜少了，就从我们家的菜里分一些给大家。

我父亲的文章写得好，村里的老农民大多不识字，他们的孩子在外面读大学，或者当兵当工人，他们给家里写信都是我父亲代他们的父母给他们写回信，我父亲能够根据他们的父母不同的要求写出不同的内容不同的风格，每一封信我父亲都很认真地写着，并且写完之后都要念给他们听，直到他们满意为止。我父亲的书法也很好，学校的黑板报就是我父亲的杰作，而每年春节村民家里的对联也是我父亲帮他们写的。在我父亲做着这些的时候，我母亲就教村里的姑娘学织毛衣，或裁剪衣服。我父亲沉默寡言，我母亲爱说爱笑，性格外向的母亲还经常为村里的年轻人介绍对象，而成功率还很高。

每个周末就是我父母做家务的时候，我父亲早早地起来为我母亲挑满一缸水，供我母亲洗衣服用，然后就带着我和大哥上山捡柴或者挑炭去了。山路很长很远，中间隔着同心水库，要乘船而过。有时很危险，也有船翻人亡的时候。所以我们一早出去，下午回来的时候，我母亲就要带着争上和爱平到水库岸边来接我们。不上山的时候，我父亲就带领大家到菜园地里锄草施肥，那时没有化肥，全靠农家肥，我父亲和农民一样不怕脏不怕臭，亲自舀粪担尿。所以，我家的菜园很丰盛，夏天有茄子豇豆南瓜辣椒，冬天有冬瓜萝卜青菜白菜，还栽得有姜葱蒜，也喂得有鸡鸭，可以说是应有尽有，我的父母就这样过着田园牧歌的生活，以致"文化大革命"期间他们也没有受到影响。当时很多人都造反去了，而我父母是逍遥派，所以没写过任何一张大字报，也没有任何人写我父母的大字报，无论是学生和家长都对我父母的为人表示由衷的敬意。

（4）

我大哥建新出生于1954年，我出生于1958年，三弟争上出生于1961年，小妹爱平出生于1965年。争上属牛，所以很横，与邻家的小孩闹矛盾往往要搞很久，有时躺到地上半天也不起来，谁劝也不行。但有一个办法可以叫他乖乖地起来，这就是让他表演舞蹈。当时还属草根阶段，所以不叫舞蹈，而叫跳舞。争上的舞蹈完全是无师自通，我母亲虽然可以跳舞，但更多的则是教学生唱歌，也许是遗传了我父母的艺术天赋、艺术基因，总之争上的舞蹈很有水准。我母亲珍藏了很多绫罗绸缎，有的用来做了被面，有的则存放在箱子里。争上就把它们做成了道具，或者裹在头上，或者披在肩上，那些花花绿绿的绸缎经他的拾掇都绽放了光彩。

争上跳得最多的是《北风那个吹》《大红枣儿甜又香》《沂蒙颂》以及《红色娘子军》里的舞蹈，不管是哪首曲子他都表演得惟妙惟肖，全部是一人担纲，边唱边舞，还带伴奏。他跳白毛女把喜儿的爱和恨，喜和悲表现得淋漓尽致，无论是学生或者是村民都要洒一掬同情之泪。他跳《沂蒙颂》把红嫂的柔情和对革命的理想演绎得非常完美，而对《红色娘子军》里的吴琼花的刚烈他也表现得非常到位。在高峰村小学，在袁家祠堂，在农家小院，在田间地头都留下了他舞蹈的身影，每每这个时候也就是他最快乐最开心的时候，而那时他才10岁左右。

我的妹妹爱平则是他的最忠实的观众，每到周末父母到周家镇完小开会学习去了，我和大哥建新在做家务，他们两个就在床上跳舞，他们把蚊帐放下来做幕布，争上就是演员，而爱平就是观众，往往一待就是一上午或一下午。而我则要去搞破坏，或者把他的装饰拿走，或者把他们赶下床来，我的理由很简单，就是不准他当"假妹儿"，因为村里的小孩已经这么叫了，我很气愤，我为了我所谓的面子不惜伤害他欺负他，这个时候争上就要大哭大闹，非常伤心地流泪。而我妹妹则很恨我，而我哥哥则要说我"你管他的"。父母对争上的个人爱好则采取宽容和欣赏的态度，每有客人到来或外出活动都要把争上带上，所以他从小就见个世面，到过南充师范学院，也就是今天的西华师范大学，也到过重庆西南师范大学，也就是今天的西南大学，那些地方的老师和大学生都说没想到一个乡村少年的舞蹈会这么好，真是奇迹！

（5）

争上从小就是个"假妹儿"，爱跟女孩耍，这一点跟贾宝玉有些相似，而爱平则是个男孩性格，爱运动，篮球、乒乓都很厉害。他们两个一个"假妹儿"一个"假小子"，成了我们家的一道风景。说到跳舞人们都要说争上如何如何，说到打球就要说爱平如何如何，而我和大哥则主要是看小说，或者和大人摆龙门阵。我那时还迷上了唱样板戏，杨子荣郭建光李玉和的唱段我都会，每天早上我都要到学校堰塘边去唱，因为喜欢唱样板戏，还被周家镇的领导发现和重视。记得是有一天我在学校侧边的竹林下唱样板戏，镇上的青年干事张绍义路过，觉得我唱得好，停下来听了多时，大生好感，便找到我家里来对我父母说："你儿子跃先唱得不错，可以到街上和宣传队一起表演。"于是我用心准备了一下，但临到上场的时候我却有些胆怯，面对万头攒动，黑压压的观众，我心慌了，伴奏还没起来我就唱开了，一点儿也没有跟上节拍，真是一塌糊涂。

原先我还有一个当演员的梦想，自从那次失败之后我就灰心了，样板戏也唱得很少了，闲下来的工夫主要是看小说，像《水浒传》《白蛇传》这些我已经非常熟悉了，很多红色经典小说也看了不少，比如《红岩》《新儿女英雄传》《烈火金刚》《破晓记》《平原枪声》《铁道游击队》《青春之歌》等等，当时人还小，也不懂艺术，只是追求故事情节，所以看书的速度很快，往往是一天一本，白天看不完，晚上接着看。我父亲很心疼我，看到傍晚了，天很黑了，怕我把眼睛弄坏，就一把夺过我的书给我扔了，我还很委屈。我弟弟争上看到我爱看书也对小说有了好感，但他更多的是看连环画，什么《一支驳壳枪》《大闹七心宴》《小兵张嘎》啊，知道得很不少。我曾经为了看小说和我三姑院子里的黑二跑到十几里外的知青家里去借书淘书，当时心心念念的就是为了看书，所以对黑二与女知青的暗送秋波一无所知。

而争上更是对男女间事不甚了解，成天只晓得与女孩玩耍，和她们一起打猪草，织毛衣，还会踢毽子，直到二十多岁了还和女孩子睡一起。争上有一颗善心，不欺负那些穷苦的孩子，尤其是女孩。村上有一个老实农民，人很本分，老婆还可以，有一个女儿叫述碧，头上长了脓包疮，很多小孩都不跟她玩，但争上不嫌弃她，不仅跟她玩，跟她唱歌跳舞，还帮她洗头，她的父母很感激，后来述碧长大了出落成一个美丽的女孩了。

他对老年人也特别尊敬，我们家的邻居是一个老年孀妇，我们喊她朱伯娘，那个时候她已经五十多岁了，有支气管炎，冬天尤其严重，咳嗽很厉害，但她很爱干净，不乱吐痰，争上每次去看她都要帮她倒痰盂，老人很感动，几乎成了忘年交，什么都跟争上摆，包括她儿子媳妇的不孝都要对争上诉说。后来朱伯娘病死了，争上在读大学，寒假回来听说后大哭一场。我的外婆徐太夫人是一个大地主的千金小姐，中华人民共和国成立后受尽欺凌，晚年双目失明，病卧床头，身上长满了虱子，争上每次去看她都要和她睡一起，而且是睡一头，和外婆摆龙门阵，帮外婆捉虱子。后来我外婆死了，我外婆死的时候是呼唤着我弟弟的名字去世的。

我的祖母冷太夫人自从我的祖父胡公茂修先生去世后，就一直跟着我们十五年，直到九十高龄去世。祖母是清光绪年间的人，自然是小脚，那真是三寸金莲，因为这个缘故就走不得路，只能在院子里行走，而每过一段时间就要洗脚，剪脚趾甲，洗裹脚布，而我弟弟争上毫不嫌脏，亲自帮我祖母做这做那。我祖母逝世的时候争上连夜连晚从重庆赶回来，刚下车还没进屋就喊着哭着一路号啕而来——"奶奶啊，我的奶奶……"

争上本人是很讲究的，这一点有点像我母亲，衣服裤子穿得干干净净，抻抻展展地，每次出门都要照镜子。我父亲人也很帅，但不太讲究，所以每次上街开会都要催我母亲快点收拾，而我母亲就要生气，偏要慢慢收拾，我父亲也只有叹一口气，等我母亲一路。争上的好打扮也是出了名的，衣服熨了又熨，鞋子刷了又刷，但他在亲人面前全然没有那么多的讲究，就在我祖母的坟头他一膝跪地，长叩不起，我的四个姑母感动得热泪盈眶。

（6）

我们在高峰村小学正是20世纪六七十年代，也就是"文化大革命"时期，书不怎么读，美其名曰叫"复课闹革命"，但实际上是没怎么读书的。我的父母人很本分厚道，还比较认真地跟学生上了很多课，因而所教的学生还不算差，我们也在一个比较正常的环境里接受了小学教育。我记得父亲还教我们几兄妹学会了打珠算，还有一首珠算口诀，惜乎现在久不用了，也全忘了。我们几兄妹都很有个性，都不服输，尤其在学习上，大家表现得很充分。打算盘看谁最快，背毛主席的诗看谁最多，谁输了心里都不好受。我父亲还教我们背李东垣的《药性赋》，我至今记得开头的两句——"犀角解乎心热，羚羊清乎肺肝"。正是因为我小时候打了基础，后来我考起四川省达县卫生学校，《药性赋》帮了我的大忙，我中医考全班第一。

但当时我父亲教我们几兄妹背《药性赋》的时候，我不是最好最快的，而是我的大哥建新，争上又比我差点，为此他郁闷了好久。那时我们在玩一种三三棋，就是在地上画一个框框，双方各执三枚石子，每次他总是输，他也很不服气，与我成天闹矛盾，缠到我下，但他总是输，我父母喊我们吃饭了，他也不走。后来他终于悟到了，三三棋谁先走谁赢，他终于可以赢我了，而这个时候他就不顾我了，只要赢了他就回家吃饭了，而我又开始郁闷了。他赢了吃饭很香很甜，而且样子很夸张，仿佛是在有意气我。因为他是家中的幺儿，父母很偏爱他，他赢了，父母也跟着高兴，而我则很气愤，以后就不跟他玩了，他就继续和那些少男少女们玩。

也就是这个阶段我初步接触到党史军史，我看了《红旗飘飘》和《星火燎原》，第一次知道了很多大英雄的名字，比如刘伯承、聂荣臻等十大元帅，也晓得了抢渡大渡河、飞夺泸定桥等红军长征的故事，对革命先辈的丰功伟绩很钦佩和向往。每每这个时候我就要沉思和发愣，就要想到千里万里之外的高山大河，而生出无限的感慨。北京上海是自然要想的，而处在本省的成都重庆也是我魂牵梦绕的地方。我的大表姨，也就是我母亲的大表姐一家就在成都，我的本家叔伯就在重庆，而我们一家却在穷乡僻壤，为此我和争上总是很感遗憾。而我的父母就要劝我们要好好读书，争取考上大学，甚至研究生，到成都重庆工作，或者北京上海，或者出国留学。现在有一句话叫作——"既要仰望星空，又要脚踏实地"，那时我们真的是在

仰望星空。我们几兄妹常常在高峰小学的操场上乘凉，后面是
铜锣山，前面是明月山，往后看是成都，往前看是重庆，我们
数着天上的星星，遥望着北京上海。

　　是的，我们生在高峰小学，与那里的人们结下了深厚的感
情，特别是我们的父母在高峰生活了三十多年，那里的一山一
水，一草一木都留下了他们的烙印，而我们也生活了二十多
年，花开花落，云聚云散，自然是剪不断，理还乱。为此，我
有一首现代诗，权作纪念——

那个地方叫高峰

那个地方叫高峰，
四围山色一片青葱。
黄桷树上密密的枝叶，
散发着我儿时的梦。

我在树下游戏，
我在树下听风。
我在树下读书，
我在树下鞠躬。

我致敬乡间的炊烟，
那里有农人的歌颂。
我致敬河流的小船，
那里有渔夫的仙踪。

我致敬池塘的荷花，
那里有婀娜的芳容。
我致敬鸟儿的欢快，
那里有栖身的梧桐。

我致敬小村庄的一切，
因为它给了我童年的启蒙。
我在这里想象着北京上海，
我在这里神游华盛顿克里姆林宫。

我常常在雨中漫步，
我常常在夏夜数着萤火虫。
我踏遍这里的一草一木，
我紧叩着这里的暮鼓晨钟。

直到我走出这个村庄，
我也仍然忘不了这里的秋草春红。
而今我已渐次飘洒落叶，
将来还要老态龙钟。

我唯有捡拾记忆，
方才能够回味无穷。
那个地方叫高峰，
我来时的小路我儿时的少年梦。

第二章　同学周家

全家福

（1）

　　"天生石门夜不关，西河流水不见滩。五马归槽一太守，马儿岩前双状元。"

　　这首民谣说的是川东古镇周家场一带的美丽风光，两百多年过去了，人们至今记得这首民谣的创作者雷老和尚。雷老和尚，清道光时期川东著名高僧，他不仅编唱了周家场一带的绝佳地理，而且更为著名的是看准了一堪称绝唱的好地，这就是探花江国霖的祖坟。自从江探花的祖父落葬于雷老和尚栖息之地周家西河口宝珠寺后，江探花便青云直上，飞黄腾达了，后任广东巡抚。他也是一位爱国人士，在鸦片战争中不幸被奸人所害，然而大竹人民，尤其是周家人民特别怀念他。雷老和尚的第二大贡献便是点中了周家场的穴道，传说周家古镇是一字长蛇阵，上有双鱼飞跃，下有文峰起舞，此地必定人文蔚起，祖武克绳。从那以后周家便人烟幅凑，商贾云集，八大寺庙亦香火旺盛，万寿宫歌舞不断，笙箫悦耳；禹王宫书声琅琅，琴韵悠扬。其余三圣宫、关帝庙、药王庙、财神庙、张爷庙也各有各的用处，说书的、看相的、打围鼓的、演马戏的、嗨袍哥的、做买卖的、操码头的纷至沓来，一时间成为川东重镇。大竹四十八场，周家是首场，北与大竹城竹阳镇相望，东南与梁平垫江为邻，西接邻水重庆，码头之大，令无数外地客商引颈向往。

与雷老和尚同时的另一个重要人物便是大财主李仕先，李在周家修了一所大房子，其豪华阵容不亚于苏州园林。但是这位老财主颇懂得惜福惜寿，他拿出了全部家产的一半来修从周家到大竹的官道，然而他半途而废了。当那宽阔的青石板大路即将竣工之时，李仕先骑着马儿一路验收而去，就在路途中他被一个挑煤的娃儿挡了道，这位小孩不依不饶，要李仕先赔偿弄掉的煤炭，李仕先气急了，于是不再做好事，官道修到七里沟凉风垭一带便寿终正寝。但他的儿子李作梅却是一个聪明颖悟之人，他不想当大老爷，只想做一个田园诗人。"牡丹映月红，月映牡丹白。花与月争妍，月借花添色。爱月还爱花，赏花兼赏月。花月两流连，夜深不忍别。"他也许明了他父亲是经不起上帝的考验，所以他的诗就多了一些人民性，辩证法。他的另一首诗也有哲理性，《登山》——"登山观日出，日在西山西。欲从西山去，更与西天齐。再过西山去，更在西山西。此境原无尽，一笑夸父迷。"由于先贤李作梅善读书，所以周家的秀才老爷也不少，并且也善读书。清末民初，大竹山后中段周家段总胡蓉城胡秀才即有对联一副，是赞颂民族英雄的，其联曰——"主战可惜刘永福，讲和深恨李鸿章"

（2）

与胡秀才齐名的王星垣，做过大竹县中校的校长，大竹县教育局局长，此人国学功底好生了得，周家袁姓族人多，民国初年修庙建祠，便是由王秀才撰写的对联——"东汉门第高四世三公贵簪璎称阀阅，西川子孙众千秋万岁祠俎豆妥蒸尝"一时成为绝对，袁姓族人更是感到莫大的光荣。王秀才不仅对联做得好，人品亦称上乘。革命党啸聚山林，遗老遗少谈虎色变，然而王秀才却深相接纳。他首先与周家李大王结为兄弟，并且通过李大王认识了同盟会元老熊克武、肖德明、江三乘，熊肖二人在清廷鹰犬的追捕下曾逃难到周家躲过一段时间，后来民国建立，熊克武任四川督军，大竹人肖德明任财政厅长，大竹黄城寨举人江三乘任成都知府，他们共同邀请王星垣出任要职，被王婉拒了。王星垣的清廉之风影响了山后周家好一帮人，比如胡蓉城胡秀才，还有张载之、冷仲陶等有识之士，他们在杨森师长白驹白道成驻防大竹暴政时期，共同起而反对之，后在竹人范哈儿范绍增的支持下，终于将白驹赶走。下野之后的白驹不得已在重庆郊外修了一座白公馆，过起了乡巴佬生活。在这次军阀与地方势力的冲突中，胡秀才与王秀才一样又起了至关重要的作用，赶走了无道军阀，减轻了苛捐杂税，所以胡秀才死了之后，冷仲陶有诗赞曰——"胡公之修，后乐先忧。秀才本色，遗世风流。"

20世纪三四十年代，周家的杰出人物就更多了，而其中最让人怀念的还是共产党人张大姐（戴国蕙），张大姐不是周家人，她像江姐一样，是由重庆地下党派到大竹周家来的，而她的经历又颇有些像双枪老太婆。抗日战争爆发后，周家的地下党人刘灵铸、胡子明在周家开了一个茶馆，叫"大家来"，又叫"七七村"，主要是宣传抗日，凝聚人心，开办不久就吸引了周家天池铺绿林豪杰王代甲、谷太章等人。抗战结束，国共再次分裂，内战爆发，为了推翻蒋介石的倒行逆施，重庆川东地下党组织派张大姐和张歪嘴（杨迅行）到周家组建游击队。张歪嘴嘴巴并不歪，并且还是一个白面书生，重庆大学毕业，这也是为了地下斗争的需要才化名的。与张大姐、张歪嘴一起到周家的还有一个张二姐，他们都是像华为、成瑶、刘思扬、孙明霞一样的年轻大学生，如今为了革命来到了大竹的铜锣山、明月山开展游击斗争，也就是今天的周家石门口、八角庙、大窝凼、天池铺、黄城寨一带。

当时我的父亲在国民党乡公所工作，任乡文书，就是现在的周家高滩乡公所，但我父亲他们都是白皮红心，早已被张大姐他们争取过来了，乡长冷峻德、副乡长张卓成，武装干事温世明都是共产党的人，所以1949年罗广文"清乡"，在周家镇设立了竹、垫、梁三县联防"剿匪"办事处，张大姐、张歪嘴被迫撤离，王代甲一家壮烈牺牲，冷、张、温三人也被国民党抓进监狱，关在周家大军阀团长刘思迁院子头。我父亲第二次探监时，正逢王营长押解冷、张、温上刑场，他们三人面无惧色，高呼革命口号，昂首挺胸而去，父亲在"七七村"茶楼痛哭失声。周家那天正逢赶场，大家纷纷悼念三位英烈，同时盼望着张大姐、张歪嘴他们早点打回周家来，让受苦的人民得解放。烈士鲜血耀明月，红旗飘飘上华莹。同年12月底，四川大竹获得解放，双枪老太婆张大姐终于和周家人民会师了。

（3）

中华人民共和国成立后，周家焕发了新的生机，万寿宫改为上粮站，张爷庙改为下粮站，关帝庙改为区公所，财神庙改为乡公所，山圣宫和禹王宫仍然为高级小学。周家人民为抗美援朝贡献了人力物力，"雄赳赳，气昂昂，跨过鸭绿江"，周家的英雄儿女戴着大红花，骑着大白马，英姿飒爽地奔赴朝鲜战场，保卫祖国的胜利果实。与此同时，清匪反霸、土地改革轰轰烈烈。在如歌的岁月中走来了两位俊男靓女，一位叫刘富光，一位叫燕四梦。刘富光是周家区的指导员，即区委书记，燕四梦是周家区的妇女主任，他们是夫妻，在周家进行了许许多多难忘的战斗。

我的父亲和母亲在这些共产党人的领导下，也唱起了"解放区的天是明朗的天，解放区的人民好喜欢"。刘指导员和燕主任穿着土黄色的军装，经常走村串户，吃住在老百姓的家里，那情景与《暴风骤雨》所讲的故事极其相似。有个叫袁端的武装干事是个神枪手，山后周家一带的大恶霸都是他亲手处决的。周家七星村恶霸颜尧相，被打成蚂蚁上树，从此袁端名声大震，土豪劣绅威风扫地。

20世纪50年代后期，在周家修同心水库，大竹县县长赵洪钧身体力行，亲自挖泥推车，放炮打石，不到一年，一个面积

25平方公里的水库建成了，山后周家一带二十几个乡镇的水灌问题解决了。那是一个灾荒年，但是周家人民克服重重困难，勒紧裤带，创造了人间奇迹。水库修成不久，由重庆下放来了一批知识青年作渔场工人，三潭映月，渔舟唱晚，同心水库的美丽景色在周家人民的心中简直可与西湖媲美了。渔场知青给周家人民带来了现代文明，他们讲重庆话，摆《红岩》英烈，激起新一代周家人民的昂扬斗志。珍宝岛事件和毛主席"五二零"声明发表，周家上万群众上街游行，人们高呼口号——"打倒美帝！打倒苏修！打倒各国反动派！"如今六十岁左右的人回忆起那段激情燃烧的岁月还忍不住眉飞色舞。

（4）

1972年春夏之交，油菜花开得正好，漫山遍野。但我却在这时患了病，医生说是胡豆黄，村上的老中医开了几副中药，仍不见好，父母遂决定带我到大竹县人民医院去诊治，最后确诊为结核性腹膜炎，每日打针吃药，治了一个多月基本控制下来，但学是不能上了。看到同学们天天背着书包在学校走来走去，我好生着急。一次在大竹中学校门口看到校墙报上刊登了许多学生的文章，我的心里便按捺不住焦躁的情绪。我想我不能再待在家里了，我要读书，我要跟上同学们的步伐。

新学期开始了，我就读于大竹周家中学74初二班。上学那天我看到教室外面栽满了树，还有万年青和兰草，同学们在这里嬉戏着，玩耍着。因我是新来的，还有点认生，班主任姓邱，毕业于四川师范学院（今四川师范大学），教历史，对人颇谦和，他对我的到来表示了欢迎。第一堂课是语文，上课铃一响，老师就站到讲台上了，只见他瘦高瘦高的，面容清癯。他没有说话，而是在黑板上写了三个大字——"申启文"。这就是我的语文老师，我将随他渡过两年的初中生涯。申老师讲课声音洪亮，吐字清楚，不紧不慢，而且板书好生了得，潇洒流利，一望便知功夫过人。他讲的第一堂课是鲁迅的《故乡》，随着申老师讲课的节奏，我们全班同学立即被带入到那个虽然阴郁但又充满童真的年代，我们记住了鲁迅，记住了闰土，还记住了豆腐西施。

以后申老师还给我们讲了《从百草园到三味书屋》，老师引经据典，结合川东农村的情况分析了那个旧的时代、旧的人物。他说他就读过私塾，也挨过老师的板子，旧学校清规戒律很多，束缚人得很。原来申老师出生在一个大家庭，父亲是个大绅粮。中华人民共和国成立之初，申老师才上高中，但是由于他的优秀和勤奋，并未受到家庭的影响。我们的第一篇作文记不得是写的什么了，只记得是一篇记叙文。上课前申老师念了一篇作文，那就是我的。念完之后申老师说："跃先同学这篇作文我批了清丽两个字，就是说文笔很好，大家以后要向他学习，首先要把事情记清楚。"老师说话的时候两眼放光，对我充满了赞许之情。全班同学也由此知道了我的大名，并生敬慕焉。以后每次作文申老师都要把我的文章念一遍，并且在全年级"传观"。

1973年夏，大哥建新在达县修火车站，母亲带我去看大哥。我第一次游览了达州城，游览了通川大桥，游览了白塔，游览了凤凰山。回家之后我写了日记《通川行十则》，记叙了我这次的见闻。开学后我将他交给了申老师，申老师看完后立即在全年级"传观"。因为我的字不是很好，申老师还亲自抄写了一份贴在全校墙报上，这一下引起了轰动。我有些飘飘然了，一次因为一件小事与班上的女同学闹了点不快，结果引来全班女同学的围攻，我愤而在黑板上写了四个大字——"群魔乱舞"。刚好上课了，申老师见到后马上沉下脸来，斥之曰"乱扯"！遂将字迹抹去，我好生惭愧。但我知道老师是为我好，不让我与同学们闹矛盾。

老师爱读书，古今中外无所不读。我就听到过其他老师说过"申老师读的书我们看不懂"。但处于"文化大革命"那个时期，他不让我们接触那些旧书，一次我到他寝室看到他床上有一本《红楼梦》，我便拿起来翻了几下，他马上说"你不要看这些"，可见他很循规蹈矩，但他的知识又很渊博。某年教师学习传达毛主席最新指示"要多读点鲁迅"，有的老师不解，怎么多读鲁迅，认为不通，申老师听了后说"多读点马列都可以，为什么不能多读点鲁迅？都是人名，以人名代书名"。大家恍然大悟。

(5)

三弟争上只比我低一个年级，这时也来周家中学读书了，他们那个年级可不得了啊，来自周家六个乡镇，而他们那个班更是集中了一群优秀的少男少女，何丽玲、简晓春、沈晓训、魏盛斌，他们都是镇上的。何丽玲样子很漂亮，是学校的靓女，她和争上一样能歌善舞，她的父母是供销社的干部。简晓春的母亲是同心渔场的会计，沈晓训的父亲是个军官。他们当中有唱歌的、有跳舞的、有打球的、有绘画的，还有会写字的，真是人才济济，所以班主任老师刘光奇和数学老师王显才很自豪，常常把他们这个班带出去搞活动，每一次出去都要赢了回来。而争上也总要拿出他的看家本领，倾情表演，比起高峰小学阶段争上的舞蹈又进了一步，原因是他碰到了一个好的音乐老师。

音乐老师姓黄，叫黄细民，是个重庆知青，文文静静的，是我们少年时代看到的美女之一。她是"文化大革命"时期第一拨下到周家来的，因为家庭出身不好，招工招生总没有她的份，但她在音乐舞蹈上确有天赋，是文艺宣传队的台柱子。正当黄细民悲观失望的时候，石克于校长找到了她，并把她调了出来。她发现争上是个苗子，就对争上进行特殊训练，每天早上都要陪争上练功，下腰，踢腿，一个动作一个动作的重新训练，每一个眼神，每一个手势都要做到最标准，最规范。原先争上觉得自己很了不起，现在经过黄细民老师的指点，才发现自己有多大的差距，于是争上更刻苦了。那时没有光碟，争上就一遍遍地看电影，看《白毛女》，看《红色娘子军》，有时电影队跑几个村庄，他就跟着跑几个村庄。

这时发生了一件事，一次上语文课争上有点开小差，和同桌魏盛斌在交谈什么，被语文老师廖提祥发现了，狠狠批评了一顿，有些话很过火，甚至还涉及我父母，总之很狂妄的样子，争上很委屈，并且哭了。下课后争上找到我，又哭了一场，我当时很气愤，安慰了争上几句后我就回教室了。当时正是"反回潮"时期，学黄帅，我成天就是看小说，王静波、陈绪珍、刘长俐、李志春、黄勇、谭云中这些好同学都在桌子下面放一本小说，可以说已经是一种风气了。所以得知争上的事情后就深感不平，于是就在愤急之下写了一篇大字报，也算一篇杂文吧，对那位老师进行了辛辣的讽刺。因为我的字不好，我就找到黄勇同学，请他写成大字报贴了出去，这一下又引起轰动，全校师生都来围观，邱老师和申老师看了会心地笑了一下，石校长也没说什么，那位老师自然也看了，至于他是怎么想的就不得而知了。而争上明显感到很解气，后来又开始有说有笑了。

　　1974年我母亲生了一场大病，腰痛，全身浮肿，住在周家医院里每天打针输液，病情很严重，我和争上放学后就去看她，看到母亲苍老的样子我一下子懂事了。以前我母亲爱说我，而且说得很重，我就很逆反。有一次我母亲打了我的手心，我在日记里写下了这样的话"黄达蓉今天又打我了"，那时我8岁。如今看到我母亲生病的样子我很自责，再看我父亲每天上完课到处给我母亲找草药，我就更惭愧了。我父亲沿着农村的河边扯一种叫海金沙的中草药，常常是一干就是好几天，不管刮风下雨，我父亲都坚持着到处找药，回到家来我父亲还要熬好给我母亲送到医院去。大哥建新那时在同心渔场当知青，每天晚上要打鱼，以前一到晚上我母亲就担心，常常半夜惊醒，一身虚汗，直到我大哥天亮平安回来我母亲才一块石头落地。现在我大哥也懂事了，每天下班回来单位分的鱼他亲自做好给我母亲送去。我母亲一边吃鱼，一边安排着家里的事情。有时还叫我们把旧衣服拿去她补，或者一边养病一边辅导村上的学生，学生家长为了感谢她，给我母亲送来了鸡和鸡蛋，那鸡蛋就堆成了一座小山。

（6）

　　这个时候我幺姨也经常来照顾我母亲，我幺姨叫徐祖嵩，她是我妈妈大舅的女儿，准确地说她是我的表姨。但是我母亲和舅家的姊妹很亲，又由于我外婆喂过她吃奶，她喊我外婆大姑保保，所以我们从小就喊她幺姨。我母亲的外家是个大地主，她的大舅也就是我幺姨的父亲是个大少爷，是民国初年的四川大学学生，因为家里有钱，毕业后也不想做事，就在乡间当公子哥儿，有一妻一妾，这妾就是我幺姨的生母。但我幺姨却没受什么委屈，在十个姐妹中她年龄最小，她的大姐比她大将近二十岁，是个新派女性，后来嫁给了留法生，还是个实业家。幺姨生长在这样的家庭应该说是很优越的，所以在读大竹县女中的时候很活跃，能歌善舞，爱说爱笑。

中华人民共和国成立后大家庭风流云散，幺姨和自由恋爱的丈夫在一个小镇上做小生意，房子也是租的别人的。我幺姨爹是高中生，能写会算，但这时也只能到乡下收烟叶来贩卖，两夫妻都没有正式工作，就靠小生意维持一家人的生计。到了20世纪60年代初，正是三年困难时期，国家号召非农业人口到乡下去生产，支援农业，或者到老少边穷地方去。我幺姨和幺姨爹都是公子小姐出身，没干过农活，自然选择了老少边穷的通江，仍然做小生意。然而水土不服，待了一年就回老家了。

回到原来的小镇周家，我幺姨爹干上了食店的工作，做白案，也就是做包子馒头。我幺姨也找到了一份工作，给镇医院洗衣服。不管天晴落雨，数九寒天，我幺姨都要背上一大背篼医生的工作服、病人的被子床单，到河边去洗。我幺姨虽然个子不高，体力也不怎么好，但工作却是兢兢业业的，那时没有洗衣机，全靠人工。我幺姨就用手一件件地搓，一件件地洗，常常是洗得又白又亮，医生和病人都夸奖她很能干。周家镇是川东大竹一个比较大的场镇，像一个小县城，三天一个场，逢场天人来人往，摩肩接踵，有时交通都要中断，所以我幺姨爹在食店特别忙，往往要到下午三四点才能回家吃中午饭。家里的活全靠我幺姨，我幺姨学会了煮饭做菜，水平超好，这时也已经有了三个孩子了，他们两夫妻就这样勤耕苦做，思谋着要自己买房子，不再租别人的。

那时幺姨已没有在医院上班了，只有幺姨爹十几二十块钱养活一家五口。他们两口子会盘算，每逢赶场天，我幺姨爹忙完了店里的活就到猪市场去买半大猪儿，拿回家后就由我幺姨养，养上一段时间又拿去卖，就这样周而复始赚点差价，实际就是我幺姨的辛苦钱。后来我幺姨在镇上的缝纫社找到一份工作，帮人绞扣眼，还带打毛衣，加上喂猪，我幺姨每月也有一笔小小的收入，日子又开始过得宽余了。

但是日子再宽余，我幺姨仍然精打细算，平时家里总吃稀饭，炒一两个青菜，但是孩子们的穿着却不输其他家庭。我幺姨心灵手巧，一子二女的衣服鞋子全部是她自己做的，织的毛衣赶得上百货商店卖的。虽然我幺姨很节约，但很好客。她家住街上，平时客人很多，逢场天就更多，我幺姨总要倾其所有招待客人。我父母在村小教书，每次上街开会都要到她家里去，我们几兄妹也常常到她家里去吃饭。我幺姨的饭菜弄得特别好，味道跟馆子头的差不多。尽管幺姨家开销很大，但在"文化大革命"后期，她家也终于买上了自己的房子。

幺姨很重情，她是我外婆喂奶养大的，所以她始终不忘，每年都要去看我外婆，或者生日，或者春节，每次去都要买上好多东西。后来我外婆双目失明，病卧床头，我幺姨去看她，还亲自给我外婆洗衣做饭，而且一口一口地给我外婆喂饭。幺姨对我们几兄妹也很亲，有一年我和我大哥、争上、爱平到四姨家去，回来的路上遇上倾盆大雨，而且电闪雷鸣的，全身都湿透了，走到周家街上幺姨看到了，心疼得不得了，立即要我们到她家换上干净的衣服，我们说回家去换，幺姨不依还生气了，我们换好衣服，幺姨又帮我们把脏衣服洗了。"文化大革命"结束，恢复高考，她的女儿长莉考上了卫校。后来争上在她家里复习，幺姨起早贪黑地洗衣做饭照顾不少，我三弟的大学录取通知书也是我幺姨送到家里来的。

（7）

周家中学的侧边有一条河叫洗马滩，传说是一个书生高中之后回家省亲路过此地洗马的地方，因此几百年来成为周家一道风景。河水碧绿清澈，还有一座石拱桥，桥下面还有瀑布，风景美丽得很。每年夏天都有很多男同学下河洗澡，壮观的时候两岸排成人墙，有的穿着裤衩，有的赤身裸体，反正很任性，大家在这里自由地翱翔着。我和三弟争上不会游泳，只好站在岸边旁观，但有时也会下到水里泡一泡，那真是惬意得很。忽然我们会闻到一阵歌声，原来是女同学也来游泳来了，大家早已划分好战场和领地，男同学在上游，女同学在下游，中间有苞谷叶子遮挡着，互不侵犯，两不相扰。那个时候我们都会背诵毛主席的《沁园春·长沙》——"鹰击长空，鱼翔浅底，万类霜天竞自由"，我们真是自由的一群少年儿童。而到了放假的时候，我和争上都要领上一张"三好学生"的奖状，这也是我们最自豪的事情，当然也是我父母最欣慰的事情。我们在周家中学也遇到了一批品学兼优的好同学，比如73高的罗腾元、魏善清、徐玉清、罗世友等，75初的袁世孝、徐刚等，罗腾元的文章写得好，经常上台发言。魏善清和罗世友与争上关系很好，都是学校文艺宣传队的骨干。

农村学生放假就是回家帮助父母干农活，而我们非农业人口也没闲着，或者大战"红五月"，或者其他支农活动，总之要照毛主席说的"学工学农学军，还要批判资产阶级"。记得有次在同心水库里面的山上挑炭，争上不会，整个身体是弯曲的，好像扁担要把他压垮一样，我走出一两里地，他还没跟上，于是我把炭挑上船，嘱咐船家不忙开，我又回去接争上帮他挑上一段，对此他很感动，觉得"二哥还是二哥"。

周家街上的太平寨有个庙子叫太平寺，传说有几百年了，但在"文化大革命"时期几乎没有什么香火，那时破四旧立四新，一切都被打成封建迷信，和尚没有了，尼姑没有了，庙子东倒西歪，一片凄凉的景况。但尽管如此，仍然有不少的人去求神拜佛。我那时牙齿不好，常常发炎，尽管我父母不相信鬼神，但经不住好心人的劝说，也带我去看过。不曾想几十年后星移斗转，太平寺香火旺盛起来，某年探亲回家我和妻子廖琦又去凭吊了一次，并有七律一首：

周家太平寺

日上中天访太平，双双俪影柳林清。
杏花照出鸳鸯镜，古井荡开龙凤城。
大殿嵯峨香火远，红楼逶迤鬼神精。
壮观极目青天外，一曲凌空放鹤声。

第三章　山前山后

全家福

（1）

　　大竹位于川东达州市南部，因地形地貌而被分成山前山后，这里不通铁路水路，更没有航空，历史上似乎也没有什么惊天动地的大事。是的，它只是一个传统的农业大县，数千年来人们在这里日出而作，日入而息，岁月就这样无声无息地流淌着。但是这里以竹多竹大而著名，唐武则天时期始置县，有川东苎麻之乡、绿竹之乡之称谓。

　　这里也出了很多名人，第一个就是江国霖。江国霖，清咸丰广东巡抚。江国霖27岁中探花，全国科举第三名。有清一代四川名列前三名的只有三个人，一是骆成骧，状元；二是李仙根，榜眼；三是江国霖，探花。传说在江国霖即将中探花的前夜，他家后院传来鸟儿的鸣叫——"瓦罐焙绿酒，铁锅炒红虾。来年生贵子，异日点探花"。

　　江国霖点探花后即被封为江南主考，掌握13州士子的生降浮沉，他对万千学子寄望殷殷，"奋起精神，读落满天星斗；长成羽翼，冲破万里云烟"这副对联既是江国霖对自己也是对他人的期许。他先后担任雷琼兵备道，惠州知府，广东巡抚，与林则徐为同时代人。江国霖在惠州建树颇多，与北宋苏东坡齐名，惠州人民将他与苏轼陈偁供奉于三贤祠。不幸的是他在担任广东巡抚期间大力整顿吏治，肃贪治腐得罪了权贵，他们联起手来诬告他，江国霖愤慨地写到"风月满天，江湖满地"，因而触犯了咸丰皇帝，被罢了官。回到家乡大竹，江国霖仍然心怀天下，心寄苍生，终于一病不起，年仅48岁。江国霖的诗文也特别好，有仙风道骨，他在广东时写有一副对联——"海中月满收珠网，台上人来捧露盘"就表现了他的浩然之气和旷达情怀。

　　到清朝末年，大竹的名人就更多了，第一个江三乘，举人，保路同志会的首领之一，与蒲殿俊、罗伦、张澜一起推翻四川总督赵尔丰的统治，以后任成都知府，一支笔写尽天下苍生。他晚年的《八月十五夜登楼》誉满大竹城乡，这是他站在他的老家黄城寨登高望远，所思所感。诗中写到豺狼当道，官僚横行，哀鸿遍地，民不聊生，激起人民的强烈共鸣。孙中山的爱将留日生肖德明直接参加了辛亥革命，与四川三大将军邹容、彭家珍、喻培伦相友善，辛亥革命成功之后担任四川省财政厅长，不爱银钱，两袖清风。肖德明的连襟李绍伊，则是一位传奇英雄，辛亥革命爆发以后，他第一个在大竹揭竿而起，带领十万农军攻破大竹、梁平、垫江、开江、达县、渠县、宣汉、万源，以及川北的通江、南江、巴中、平昌，还有邻水、广安、西充、南充，他第一个提出"剪头放足"和"均贫富"的主张，受到人民的普遍欢迎。

20世纪二三十年代，北洋军阀吴佩孚亦曾在杨森的安排下来到大竹，他先是住在大竹城内芝兰堂，后来蒋介石要通缉他，没办法只好移住于城外云雾山梨竹寺。战败后的吴佩孚心情抑郁，借诗大发感慨，他在大竹写道："竹阳门外有高台，把酒登临曙色开。蜀陇云山朝北向，巴渝风雨自东来。锦帆终古天涯去，铁马依旧地底回。到此我思廿八将，栏杆拍遍泪满腮。"平心而论，吴佩孚是个儒将，诗文不坏。

（2）

到了解放战争时期，大竹三杰更是名闻全川，这就是陈尧楷、徐相应、徐永培。1949年初，中共重庆市委书记刘国定，副书记骆安靖、冉益智三人相继被捕叛变，川东地下党遭到重创，中共南方局书记钱英指定肖泽宽、卢光特、邓照明组成新的重庆市委，邓照明立即到大竹发动起义，陈尧楷为司令员，徐相应为政委，徐永培为参谋长，他们在大竹的石子、杨通、张家、四河、双河、吉星展开游击战，建立根据地，被中共南方局褒奖为——"蒋管区的解放区"。不仅如此，他们还深入重庆惩处叛徒，打击敌人。后因敌众我寡，陈尧楷战死，头颅被割下来挂在城门口，国民党《中央日报》发布长篇消息。而徐相应徐永培叔侄则被敌人逮捕，他们二人引吭高歌，慷慨就义于大竹县城竹阳镇。

说到大竹的名人不能不提到哈儿师长范绍增，其实哈儿不哈，大智若愚，他也曾率部参加抗战，英勇打击日寇，立下赫赫战功。中华人民共和国成立前夕身为集团军司令官的范绍增率部起义，加入到人民解放军的行列，后来任河南省体委副主任，以90高龄寿终。

中华人民共和国成立后的大竹也不乏名人，前教育部副部长王明达，前四川省副省长刘昌杰，以及四川师范大学教授徐仁甫就是其中的佼佼者。徐老先生的《广释词》是研究语言文字学的瑰宝，在学界有广泛的影响和极高的评价。而他为大竹撰写的对联更是风靡全川——"大泽深山孕育豪俊，竹书漆简涵养精神"

大竹还有一位名人，那就是明末清初的破山和尚，他是梁平双桂堂的开山祖师，佛门巨匠，诗人，书法家，有"小释迦"之称，他主持的梁平双桂堂被称为西南丛林之首，比成都昭觉寺还早。破山认为学习佛法的根本目的就是要解脱生死轮回，身口意三业清净纯和，就是不造业，对自己的行为负责，用今天的大白话说就是要积身德积口德积心德，换言之就是不做坏事，不说坏话，不起坏心，只有这样自己的一生才会幸福，并且子孙昌盛，这些思想至今仍然散发着智慧之光，而给予大竹人民以及普天下的百姓无穷的精神力量。

（3）

大竹山后有一个镇叫观音桥，观音桥有一所中学叫观音中学，观音中学原名干城中学，取自《诗经》——"赳赳武夫，公侯干城"。那时正是抗日战争时期，全民尚武，开办中学的李钟鉴是国民党的师长，还有贺国祥是旅长，校长王以道是周家区的区长。以前大竹只有一所公立中学，这就是大竹中学，以后范绍增在他的老家清河创办了私立中峰中学，抗战爆发之后李钟鉴、贺国祥、王以道又创办了私立观音中学。中华人民共和国成立后观音中学成为大竹山后唯一一所完中，也是大竹仅次于大竹中学的第二大中学。在我们去读书之前的校长，曾经是做过文教局长的老共产党员陈斌。陈斌因为资格老，而别出心裁，教学管理有声有色，"文化大革命"前由观音中学考上北大、清华的学生就不少。陈斌爱写诗，尤善旧体，在观音中学成立了一个诗社。观音桥是农民英雄李绍伊的家乡，有一个大寨坪是李绍伊啸聚山林的地方，那情景颇有些像水浒梁山，对此陈斌曾有诗赞曰——"北方胡马践华夏，南国书生作主鞭。"不曾想"文化大革命"时期陈斌被打成"三反分子"，他的这两句诗也被说成是污蔑南下干部。

除了陈斌，还有李鸿章的哥哥李翰章的曾孙李牧等所谓的"牛鬼蛇神"也在观音中学。李牧教音乐和体育，弹得一手好风琴，也会写诗。除此之外教导主任沈扬英、英语教师刘志道、数学教师王显田、物理教师邓礼安都是名师。我读高中时主持工作的罗吉金、袁云也很有水平。袁云是周家中和清凉村的人，初中生，是我幺叔的同学，他完全靠自学成为学校的领导，他也是我的班主任陈美中的挚友。在观音中学第一个发现我的人就是陈美中，本来新生入学安排在全校发言的是另外一个同学，结果他怯场，陈老师从档案里找到了我的作文，就决定让我发言，从此之后我就被大家认识了。我担任了班上的学习委员和宣传委员，也是全校的团总支宣传委员。

这个时候已是"文化大革命"后期，除了八个样板戏，还有就是兴起了讲革命故事的活动，有个叫彭什么的竹中学生代表大竹县故事会小组到观音中学来讲了一次，题目是"放鸭记"，讲得很好，声情并茂，给我留下深刻的印象。一次正在上课突然被学校宣传队的领导廖学明老师喊出去，要我参加宣传队演话剧，并且是当主角，我有些怯阵，说我的普通话不好怎么能演话剧，但廖老师坚持要我上，被同时喊出去的还有王静波。廖老师是语文老师，对文学自然有研究，所以导演一职非他莫属。他跟我们排练了话剧《班主任》，是"反潮流""反师道尊严"的。我演班主任，顽固守旧，王静波演学生，积极向上，最后我在学生的帮助下跟上时代的步伐。那时我们才十七八岁，还有点不好意思，所以表演有些生硬，连手都怕握得，被廖老师批评了一顿，以后才放开了一些。

这个阶段我也是学校图书馆的常客，负责的老师叫王道兴，书法很好，风度翩翩，尤其是大字写得漂亮，中华人民共和国前就是私立中学的老师，他也有很多轶闻趣事，传说他曾经被两个女人同时爱着，一个是他的老婆，一个是他的小姨妹。他为了摆脱这种情斗曾经离家出走，而他的小姨妹则坐着轿子追了他很远很远。王老师向我推荐了郭沫若的《少年时代》，使我眼界大开，从而对作家对艺术家产生很深的敬意。1976年1月周总理逝世，我们在山上开门办学，住在煤厂附近。白天我们要开垦荒地，晚上要排练节目给煤矿工人观看，还要出墙报。这时我看到了袁昌文、郑家健等高年级同学的作文，是一首词，我当时很羡慕。

（4）

在观音中学我遇到了我的恩师邵启群，他也是我的革命导师。邵老师1938年入党，当时正是抗日战争时期，他还在大竹中学读书，介绍人是他的老师蒋可然，蒋可然就是《红岩》中的老大哥。本来邵老师可以继续读高中，但蒋可然说时间不等人，现在全民抗战，一切依靠国民党，毛主席很有意见，毛主席的思想是坚持独立自主的抗日方针，虽然国共合作了，但共产党要保持头脑清醒，要发展我们自己的力量。就这样邵老师被组织上安排到万县搞交通站，负责接送党内同志，他一边自学，一边工作。万县有个钟楼，是军阀杨森修的，还有一个公园就在钟楼下边，邵老师和人家接头就在这里。为了不引起特务注意，邵老师学会了弹三弦，和那些江湖艺人一样在茶馆酒楼卖艺。邵老师能够说唱很多故事，比如《水浒传》《三国演义》《说唐》《薛仁贵征东》，邵老师一边说唱，一边弹三弦，前来接头的人就坐在观众席里，而接头暗号就是他们递给邵老师的所要点唱的故事或曲目。

抗战胜利后邵老师回到大竹，任大竹特支书记，实际上就相当于大竹县委书记，那时他才二十多岁。1947年重庆地下党领导人邓照明到大竹山后发动武装起义，而在城内配合的就是邵老师，他当时的公开身份是《大竹三日刊》的编辑。为了迷惑敌人，邵老师登了一个假新闻，说不是武装起义，是国民党地方政府狗咬狗，是地方保甲的派系之争，这样一来国民党大竹专区就放松了警惕，等到山后的红色根据地已成燎原之势，成为蒋管区的解放区，敌人才惊呼上当了。为了扑灭革命的火焰，蒋介石急令罗广斌的哥哥罗广文到华蓥山"剿匪"，很多人被捕牺牲。邓照明从起义队伍中撤退下来隐蔽在邵老师的家乡，大竹石桥铺落铃滩，两个人白天躲在黄泥垭山洞里，后来邵老师通过统战关系把邓照明送走了。

1949年12月大竹解放，中国人民解放军二野三十二师接管大竹专区，师长何政文，通江人，老红军，后来曾任中国人民解放军副总参谋长，大竹县委书记就是李香山。会师那天李香山握着邵老师的手说："你们辛苦了，接下来请把大竹的敌情资料写出来，我们好一个一个地抓捕反革命。"邵老师接到这个任务花了一晚上的工夫把大竹国民党军警宪特的情况，包括青洪帮的情况整理了出来，那段时间邵老师最忙，也最开心，因为他所奋斗的事业终于实现了，人民当家做主了。

可是没过多久邵老师就被不明不白地停止了组织生活，再后来就回到家乡耕田种地，当起了农民。他虽然痛苦但无处诉说，但依然相信党相信组织。一次他为农民夜校写的黑板报被大竹文教局长发现了，那上面有邵老师的文章，还有一首律诗，文教局长爱才惜才，当即叫他出来教书，并说他可以直接教高中语文。邵老师说："我只读过初中，怎么教得下来高中？"文教局长笑了笑说："我们就是要用自学成才的，你的书法和文章证明了你的水平。"

邵老师在观音中学教书教得好，还和其他爱好诗词的老师参加了校长陈斌组织的诗社，可是不久他又闯祸了。他的一首诗里有这样两句"才秀可怜遭踏践，良辰不得尽芬芳"，被说成是反党，书还照教，但被内控。"文化大革命"十年，他又被整成"叛徒"，至此，邵老师才明白50年代他被下放农村就是怀疑他脱党，而今更成了叛徒了。我是1974年秋天到的观音中学，那时他还没教我们，只是发现有一个白发老头，每天中午都要到音乐室弹风琴，而下午在自己的寝室里弹三弦，无论是风琴或者是弹三弦的声音都有滋有味，有相当高的水平，我好生敬慕，一问才晓得是个老革命，更增敬慕焉。

不久，邵老师就来教我们的高中语文了，他上的第一堂课是毛主席诗词《沁园春·雪》，他先讲了创作的历史背景，然后分析了词作的内容和艺术特色，特别给我们讲了毛主席的诗词是革命的现实主义和革命的浪漫主义相结合，写出了超越千古的宏伟诗篇。邵老师娓娓道来，时而低吟浅唱，时而如洪钟大吕，我们真是太享受了。尤其是他对格律词牌的讲解，更令我如痴如醉，可以说，我对诗词的爱好就从这时开始了。为了让我们深刻理解毛主席的诗，邵老师还给我们讲了艾青的诗——"雪落在北方的土地上，寒冷封锁着中国"。没过多久，邵老师就叫我到他的寝室去了，他要单独教我具体怎么做诗，特别是律诗，什么平仄、对仗、韵脚等等。先生善饮酒，每一次去他都是一边喝酒一边教我，有时还叫我喝一点儿。可以说我是他的入室弟子，他给我上了诗词格律的第一课。

邵老师的知识非常渊博，这使他逃脱了灾难。评法批儒的时候，他被达县地委宣传部点名安排到研究明末清初达县籍思想家唐甄办公室，搞古文翻译。粉碎"四人帮"后，邵老师落实了政策，担任了大竹县委党史研究室顾问，从此他焕发了青春。以后他出版了回忆录和诗集，而在90高龄的时候告别了他的亲人和同志，在天国安享他的美丽人生。

我在观音中学度过了两年愉快而幸福的高中生活，为了怀念它，我在三十多年后写了一首长篇古风，以追忆那段往事——

大竹观音中学歌

观音河畔水上水，

清绿环抱小村里。
芦花照人浅草外，
中有渔船深树底。
笛声苍凉撩人意，
几处炊烟上瓦脊。
燕雀翻飞窗前过，
但闻奔雷下山雨。
怒浪滔天漫高墙，
一时惊呼人潮立。
挥臂挽袖欲征战，
洪涛滚滚势不依。
我辈年少知几何，
幸有老师明其理。
大禹治水三千年，
因势利导黎民喜。
更见风波一样情，
相扶相搀不忍离。
说话之人似洪钟，
白发萧萧一老翁。
华蓥山上曾走马，
巫山巫峡留其踪。
读破万卷任挥洒，
师生俱称启群公。
还有一部活字典，
形容枯槁像歪松。
吐纳吸气皆称意，

任他喝骂开让功。
我曾轻轻绕其后，
得见先生泪眼红。
图书馆里宝物多，
我于此处观沫若。
老师喜摆龙门阵，
此人名叫王道兴。
家住青滩倒石桥，
风度翩翩酒量高。
一笔好字惊年少，
愧我无缘临书毫。
又曾听说李鸿章，
李牧乃其好孙郎。
先生善演文明戏，
红岩之中饰元举。
色厉内荏大反派，
衬托江姐如虹霓。
袁云礼安陈美中，
文史数理样样通。
学明显田沈扬英，
各领风骚俱称雄。
人生南北一场戏，
曲终人散我独立。
近闻先生多已去，
深宵啼哭泪凄迷。
观音济世大悲愿，

西天佛国焚香积。

我祝母校常济世，

青山不老绿水漪。

百年校庆我归来，

长歌当哭表心意。

（5）

我在大竹山后观音中学读高中的时候，我弟弟胡争上在大竹山前大竹中学读高中。本来按区域划分，争上应该读山后文星中学，而他也确实在那里读了一年。文星中学也是名校，开办的时候由老革命陈武当校长，陈武爱搞建设，把文星中学建设成花园中学，那个时候就有很多花草树木，万年青特别多，风景非常好。争上去的时候是李选仁当校长，曾令清当班主任，李和曾都很喜欢争上，但是争上仍然坚持要转学到大竹县中校大竹中学去读书，目的是寻求更大的舞台。而这个时候我们的本家侄子胡建锋、胡定侯也转学到竹中去了，争上很羡慕，就更是非去不可了。这下问题来了，李校长不放，最后是文教局领导罗兴旅发了话，李选仁才放人。争上走的那天李校长很动情，他说："我们走了一个台柱子，文艺宣传队少了一个骨干，不是你后台硬，我是无论如何也不会放你走的。"

是的，罗兴旅与我父亲关系很好，还是在20世纪50年代，我父亲在渠县教书，与我母亲两地分居，就是罗局长帮忙把我父亲调回大竹的。先是在明滩双龙小学，我父亲书教得好。那时罗兴旅正带领一帮下放教师在那里支农，吃住都在学校。我父亲除了教书还要帮他们做饭，管伙食，平时写大字、出黑板报也是我父亲的，罗局长觉得我父亲人很忠厚老成，又有才华，就很欣赏我父亲。所以离开明滩的时候特意把我父亲调到了周家高峰小学，从此之后我父亲和母亲一直在一个学校长达二十多年，直到退休。

我父亲把争上送到大竹中学的时候，罗局长亲自陪同到了竹中。见到竹中校长李萍和教导主任唐韩君，罗局长大着嗓门说："我跟你们带来了一个文艺骨干，你们要跟他找一个好的班主任和科任老师。"李萍和唐韩君都是第二野战军的南下干部，随同刘邓大军到了四川，到了大竹。听罗局长这样说，李萍当即推荐数学教师张永忠当班主任，语文教师是我父亲的熟人刘钟金。刘钟金是大竹旧制高中毕业，古文很好。中华人民共和国成立前我父亲在乡公所当文书的时候，与反动势力做斗争，写大字报曾经找过刘钟金，现在老朋友相见分外亲切。

（6）

竹中宣传队的负责人是团委书记唐永植和英语教师黄静娴，黄静娴是重庆人，西南师范大学毕业，丈夫向克孝是大竹县委宣传部的理论教员。黄静娴以前在周家中学也教过书，我大哥胡建新读72高，就是她的学生，她和我母亲也认识。她很喜欢争上，经常亲自给争上化妆，争上跳的每一支独舞，她都要把关，从内容到情节，到动作，到表情，她都仔细推敲，力求做到完美。在黄老师的精心辅导下，争上很快成长起来。先是在大竹中学出名了，全校师生都认识这个跳独舞的叫胡争上的青春少年，他走到哪里人们都要以赞叹的表情评说他，议论他，人们都要竖起大拇指夸奖他跳的《北风那个吹》《沂蒙颂》《红色娘子军》。后来竹中宣传队还多次参加全县的演出，争上也很快在大竹城被人们知晓，他走到城里的大街小巷人们都认识他，大竹县文工团的专业演员也对他的表演给予了高度评价。他们到达县、渠县、邻水去联欢，争上也都给人家留下了鲜明的印象。

他还和一个叫刘莉莉的竹中女孩跳过双人舞，那个女孩非常漂亮，两人配合得非常好。刘莉莉家住城头，平时打扮很洋气，比争上大两岁，所以像姐姐一样照顾争上，她还带争上到她家去过。争上后来多次对我提起，还想介绍给我。刘莉莉的表哥杨晓平是我大哥胡建新在大竹师范的同班同学，也对我提过此事。

在竹中，争上除了跳舞还想学画画，那时是"文化大革命"后期，大家对学习不感兴趣，所有课程只有语文还吃香点，因为要写大批判文章，要办墙报，要上台发言，可以出一些风头，也有一定的适用性，另外就是音体美很吃香。竹中有个美术教师叫周稷，很厉害，民国时期上海美专毕业，是刘海粟的得意门生，他们师生感情很好，多次在一起写生，20世纪80年代，周稷老先生还和刘海粟夏伊乔夫妇到过黄山。周稷是广安人，和邓小平是同学，军阀杨森在四川当政时期，周稷做过四川美专的校长。但是争上学了几天还是想跳舞，这个事情就不了了之了。

在竹中，争上读了一本传记文学《卓娅和舒拉的故事》，对他一生影响很大，可以说他以后的人生观、价值观、世界观就从这里埋下了伏笔。《卓娅和舒拉的故事》是一本介绍苏联卫国战争时期青年英雄的书。这部小说以真人真事为原型，记述了家喻户晓的苏联英雄姐弟卓娅和舒拉二人短暂而光辉的一生。卓娅和舒拉20世纪20年代生于苏联的一个普通劳动人民家庭。在父母的倾心教育下，姐弟俩从孩提时代起就逐步养成许多优良品质：尊重长辈、乐于助人、学习勤奋、积极、热爱、劳动、热爱生活、兴趣广泛等等。1941年，德国法西斯背信弃义入侵苏联，还在读中学九年级的卓娅辞别母亲，自愿加入游击队，走上保卫祖国的岗位。经过短期培训后，她和同志们一起深入敌占区埋地雷，烧敌营，表现机智勇敢。1941年9月的一天，她在烧毁敌人的马厩时不幸被捕。凶残的敌人对卓娅进行了种种摧残和侮辱：长时间地严刑拷打她，并逼迫她严冬里身着单衣，赤裸双脚在雪地里跑动，坚强的卓娅承受住了所有非人的折磨，拒绝回答德寇的问题，没有泄漏游击队的任何秘密。一无所获的敌人恼羞成怒，绞死了卓娅。弟弟舒拉从小就与姐姐感情深厚，他在卓娅牺牲后，怀着为姐姐报仇的决心进入了乌里扬诺夫斯克坦克学校参加培训。不久，他驾着坦克奔赴前线，以指挥员的身份率领士兵奋勇杀敌。在战场上，他镇定勇敢，表现出色，屡建功勋，先后获得卫国战争一级金质勋章和红旗勋章，最后在1945年4月——二战胜利前夕不幸牺牲在自己的指挥岗位上。

争上一边读《卓娅和舒拉的故事》，一边为毛主席守灵。毛主席逝世，全国都设了灵堂，争上在竹中也参加了很多纪念活动，常常是泪流满面，从此之后，他仿佛又长大了一些。这年底，部队来招兵，而且要招小兵，招文艺兵，争上跃跃欲试，体检面试都过了，争上兴奋不已，感觉到自己的理想就要实现了，也可以像卓娅和舒拉一样为国建功立业了。然而最后他落选了，理由是政审不过关，我的父亲是伪人员，我母亲家庭出身地主，为此争上曾找到部队首长要求多次，并伤心地落泪。但是当时正是讲阶级斗争的时候，部队首长也没法，只有表示遗憾，我弟弟争上就这样与军队失之交臂。

第四章　知青岁月

全家福

（1）

　　1976年9月，我下乡到了大竹县周家镇七星村，开始了我的知青生活。七星村离我父母教书的高峰村不远，就三四里地，是一个群山环抱的村子，同心水库就在这里，这里有一所学校，一个水库管理所，一个渔场，我大哥建新就在渔场当知青，享受工人待遇，而我在村上享受农民待遇。我们一同去的五个人有四个都是周家街上的，他们是胡国儿、李季友、张家光、吴莽子，他们文化水平都不高，有的是初中生，有的只读过小学，而我是高中生，所以知青队长就由我来担任了。知青点在一个农民的院子里，五个人住一间房，这个院子也只有一户农民，姓袁，有两个儿子，一个女儿，所以这个湾上很清静，算单家独户。湾上有条狗，样子很凶恶，我们刚去的时候对着我们狠狠地叫了一阵，以后熟了就不叫了。

我们五个人除了胡国儿有个女朋友，是个打面的，其余四个都是光杆，所以国儿要成熟一些，对男女间事也要了解一些，晚上的摆龙门阵就由他主讲。知青点要自己开伙，就要挑炭弄柴，带队的领导叫袁家政，是大队书记袁家武的亲弟弟，他从家里挑了一担柴给我们，然后就带领我们到山上挑炭。我们没有坐渔船去，而是走的山路，这也是我第一次围绕着水库走了一圈。去的时候很轻松，挑个空箩筐边走边欣赏湖光山色，那真是一碧万顷，波光粼粼，我看到我哥哥他们驾着小船正在撒网捕鱼，真的很羡慕。转来的路上肩上就沉重起来，每个人都挑着100多斤的煤炭，感觉很累。袁家政看我比其他人体力要差些，就帮我匀了一些过去，这样我就感觉轻松多了。

第一次干农活是施肥，那时刚挖了干田，地里也下了种，栽的是麦子，指导员袁家政带领大家把人畜粪便挑到坡上，与柴灰和在一起，抓在手上洒到地里，我们大家都怕脏，不敢抓，或者轻轻抓，袁家政就批评我们并亲自示范。正当大家很尴尬的时候，只见张家光不怕，而且样子还很轻松，为此受到了袁家政的表扬，这下大家就都不怕了，我也尽量装出不在乎的样子。临近吃中午饭的时候，我们在田边好一阵搓洗，那时也没有肥皂这些，就先用稀泥巴搓，然后用清水清洗，吃饭的时候就自然百无禁忌了。

（2）

这时周家镇初中的语文教师陈良泽的父亲病故了，陈良泽要请丧假，他教的两个班的语文课，还兼着一个班的班主任，他走了就很成问题，有个叫张光前的青年教师就推荐了我去代课。张光前是张卓成的儿，张卓成在周家高滩乡当乡长的时候我父亲是乡文书，1949年罗广文"清乡"，张卓成被杀害了。"文化大革命"时期，张光前到过北京接受毛主席的检阅。但他一直有一个未了的心愿，就是要落实他父亲革命烈士的待遇。因为我父亲是唯一健在的当事人，所以他就多次来找我父亲写证明材料。张光前的奶奶是我们胡家的姑婆，所以他喊我父亲表叔，我则是他的表弟。他第一次来我家的时候还戴着毛主席像章，我很想要，他慨然相赠。他善画画，也是观音中学毕业的，他的继父王显田是我的数学老师。现在张光前叫王进，是周家镇初中班的美术教师。

校长是刘宏扬，刘宏扬对我的情况也比较了解，我哥哥读高滩初中班的时候刘宏扬教过他，印象很好。一次刘宏扬到我父母教书的高峰村小学检查工作，曾对我这样说过"你怕赶不到你哥哥哇"，我当时很受触动。而今几年过去了，刘校长知道我在周家区中学和观音中学的情况不错，就对我很放心了。另外他与我的恩师邵启群还是亲戚，邵老师自然也跟他介绍了不少。陈良泽那个班街上的学生很多，而且都很调皮，我当时才18岁，是班长17岁，叫何建全，小名叫花子，是我儿时的伙伴，两人关系还比较好。他的父亲叫何中达在高峰代销点工作，1966年"四清"运动的时候说他贪污，上吊自杀了。他的母亲也在这之前因难产而死，所以现在何建全是个孤儿。其他还有争上的同学何丽玲的妹妹何丽华，以及周家镇妇女主任的儿子谷长全，还有周家镇医院院长的女儿陈蓉，总之很难管。

我上的第一堂课是毛主席的词《沁园春·长沙》，我先讲了毛主席写作这首词的背景，以及毛主席青年时代的革命理想和轶闻趣事，大家听得津津有味，等到我讲这首词的艺术特色的时候，全场已是鸦雀无声。要下课的时候，我要学生自由发言，很多人都是争先恐后，谷长全第一个发言还说得很好。从那以后我就站稳了脚跟，大家都很尊敬我这个小老师。班长何建全，我儿时的好朋友，还邀请我到他家里去吃饭，当时"文化大革命"刚刚结束，经济还比较萧条，但建全为我蒸了一碗蛋。

没过几天要带学生去支农，突然何丽华来跟我请假。何丽华像她姐姐一样漂亮，那天洗了头发，穿一件橘红色的衬衣，很是青春靓丽，我没说什么，当时就准了。傍晚，我上街转，碰到她妈刘云珍，供销社干部，她妈才给我解释丽华身体不适，原来她不好意思明说。刘孃孃还邀请我到她家里去坐了一会儿，丽华的爸爸何显德是供销社的会计，对人也很客气。不久庞吉凤、李永志那个班也请我去讲了一堂课，我跟他们讲了红色经典小说《烈火金刚》的片段——肖飞买药，我像说书人一样声情并茂地讲着，绘声绘色，很有感染力，激起大家一阵又一阵的掌声。然而好景不长，陈良泽的丧假满了，我又回到了知青点。

（3）

我这时遇到一个问题，那就是我奶娘的媳妇沈姐姐给我介绍了一个对象，是他们老长沟湾上的。沈姐姐本姓江，是我六表姨的女儿，我六姨爹江天青中华人民共和国成立前做过童家

48

乡的乡长，黄城寨联保主任，黄城高小的校长，他当校长的时候我母亲黄达蓉在他手下当老师，因为是亲戚，自然给予了一些关照。1949年罗广文"清乡"，江天青也被抓起来了，说他通共，我父亲曾去看过他。中华人民共和国成立后，江天青又被打成叛徒，送去劳改，我六姨成了地主婆，养三个女儿养不活，就把其中的两个送了人，于是她的二女就姓沈了。我母亲生下我大哥无奶水，经人介绍就请了奶娘，奶娘叫孙秋碧，奶保叫袁世金，他们待我哥哥很好。生下我以后我母亲还是没奶水，于是就请我哥哥的奶娘继续给我们喂奶，也就是说我和我大哥建新是同一个奶娘带大的。因为这个缘故，我母亲为了亲情更加牢固，就把我六姨的女儿沈姐姐说给了我奶娘的独生子袁家寿。

那时我奶娘家很兴旺，上面有一个老奶奶，七十多岁了，下面有三个小孙女，丽华、瑞华、美华，都是我父亲取的名字。老奶奶人很能干，会裁剪衣服和做大人小孩的鞋帽，在乡间很受尊重，奶保袁世金劳动是一把好手，他儿子袁家寿我们喊莽子哥哥，会打席子，还是队上的记分员，全家人勤耙苦做，一年要分一百多块钱。每年冬天都要喂一头大肥猪杀了过年，腊肉香肠挂得满屋都是，而这个时候也总要请我们全家去大吃一顿，我弟弟胡争上在他的散文集《开朗与腼腆》里曾有详细记录，篇名叫——《到奶娘家去》。老奶奶的外孙颜尧均，大竹师范毕业，我们喊他双毛哥哥，他的婚事也是我母亲做的媒，两家关系也很好。颜尧均是同心水库里面的人，我曾同老奶奶，也就是他的外婆到过他家。三面环水，一面环山，我那时就想象着它很像孙犁笔下的白洋淀。多年以后我也有一首词描写同心水库——

永遇乐　大竹同心水库

曾记铜锣，西河流水，七孔桥处。点点渔帆，横吹短笛，斜日闻歌去。芦花汀畔，岸边杨柳，那日我来留住。忆华年几声长啸，也惊海天云虎。　　石林怪立，苍烟落照，多少英雄回顾。青史汉唐，秦淮花月，风雨西川路。清荷明丽，飞红滴翠，弹出万千蛙鼓。何须问，跃先老矣，诗还可否？

（4）

沈姐姐给我说这个对象姓张，叫张绪蓉，是周家中学74初一班的学生，我是二班，所以我们是同年级同学，她不多说，成绩一般，各方面都不出众，但人是好人。沈姐姐之所以要介绍她做我的女朋友，也代表了整个奶娘家的意思，就是要让亲情更牢固一些，我们以后好常相往来。那时我奶娘已病故，但奶保还在，一家人仍然对我们很好。除了这个原因，还有一个因素，那就是张绪蓉的姨叔刘从文是高峰村的大队书记，跟我们家关系也很好，刘从文还是争上的干爹，给了我们一家很多照顾，加之正值"文化大革命"时期，招工招生都要推荐，那时叫工农兵大学生，完全是贫下中农和区乡干部推荐。我的大嫂黄增玉此时就已经推荐到南充师范学院去读书去了，所以我们家需要一种力量支持。

记得沈姐姐那天穿得新崭崭地跑到我家里来跟我母亲说这个事情，我当时很不情愿，沈姐姐有些尴尬，我妈妈问了我一句："你不愿意啊？"很生气的样子，我沉默了。不久就在张家屋里办了一桌，我们两家吃了一顿饭就算定亲了。张的父亲会打席子，我奶保那一湾人都会打席子，用以补贴家用，张的母亲也很能干，四个女一个儿，张绪蓉是老大，小名张蓉儿。张蓉儿没上高中，初中毕业回家当了大队赤脚医生，这完全是刘从文的关系。但我和她没有什么感情，到她家去基本不和她说什么话，过年过节要互相走动，要拿礼物，川东农村时兴背米、腊肉香肠、鸡蛋、面这些，本来应该由男生背，但我们两个则是她背，我走在前面，她走在后面，往往我要把她丢出一里地，反正两人没有什么亲密之举，很生疏的样子，为此我母亲还说了我好几次，但我仍我行我素。她母亲好像也默认了我这个举动，每次从她家出门的时候都是喊她女儿背东西。有天晚上我在她家睡到半夜，突然她妈把我拍醒，端了一碗醪糟蛋给我，从那以后我觉得我欠他们一份情。第二天，张蓉儿的父母到坡上出工去了，张蓉儿对我说我们来选豆子，就是把豆子装在一个大筛子里，捡掉沙石残屑，把好的留下来。我们两个隔着筛子对坐着，第一次说了很多话，彼此之间生出一点情愫。但一会儿她父母就回家来了，我们的谈话就到此结束。又过了很久，有一次她生病了，发高烧，昏迷不醒，在床上睡着，她母亲忙前忙后的还是没能解决问题，我突然有些害怕，就用手摸了一下她的脚，发现是冰凉的，我有些担心，也算是一种关心和善意吧，但她父亲和另外的人把她抬到周家医院去的时候，我没有跟着去。

对这段感情很多人都不理解，我幺姨的女儿长莉就问过我"跃先，你跟她两个要啊？"我没说什么，实际是有苦说不出。但我祖母却对张蓉儿很好，大队合作医疗站和村小在一起，我们家有很多事情都要喊她帮忙，她也很乐意的做了，所以我父母还是很喜欢她的。我的弟弟争上和妹妹爱平也跟她耍得倒，像亲姐妹一样。特别是争上很讨人喜欢，大人小孩都合得来，为此，张蓉儿还经常为争上爱平洗衣服这些。争上也说过我"你不喜欢人家"，我还和他发生过争论。

（5）

我在当知青的时候争上也高中毕业了，那时"文化大革命"已结束，对于下不下乡已没有那么严格了，所以争上就留在了家里。他每天也仍然是唱歌跳舞，而这个时候他已经可以唱一百多首外国歌曲了，常常是从早上唱到中午，吃了午饭又唱到傍晚，那时有一本歌曲叫《战地新歌》，是"文化大革命"时期最流行的歌曲，什么抗战歌曲，什么"文化大革命"歌曲他都会。他从学校的祠堂里唱到操场上，又从操场上唱到堰塘边，而且是边唱边跳，毫不知疲倦，只有吃饭的时候才停得下来。有时候学校或者大队部来了领导和客人，我父母叫他去认识一下他也很勉强或者很腼腆，打过招呼就躲到一边去了，但是当人家要他表演一曲时他又很积极。

他每天除了唱歌跳舞就是和小孩玩，他给村上的小孩讲少年英雄刘文学的故事，还有就是卓娅和舒拉的故事，他一边讲一边沉浸在英雄的故事里，而对于周围的一切仿佛一无所知。这时我大哥也带他到同心渔场去玩过，我也带他到七星村知青点玩过，他都很兴奋，也闹着吵着要下乡当知青，我母亲也到大队书记家说过这件事情，但最后还是觉得他才十六七岁，在家里什么事情都没干过，舍不得他下乡，那段时间他就帮孤寡老人挑水。村上有个叫袁妹儿的孤老头，只有一个女儿，嫁得很远，家里只有两夫妇，都有病，那时已经六十多岁了，吃水都成问题，争上每天去帮他们，感到很快乐。

我在七星村也劳动了有一段时间了，知青点也修在了学校附近了。一天晚上我们在操场打篮球，突然看到几个民兵押送一个农民到学校来，这个农民叫颜孝福，大约三十多岁，他的罪名是搞投机倒把，也就是所谓的不务正业，不参加生产队里的劳动，专跑买卖，又叫破坏农业学大寨，民兵把他锁在一间教室里就走了。我当时很好奇，又感到纳闷，觉得做生意又不犯法，其实另有原因，那就是孝福活多，曾使别人难堪，得罪了大队书记。民兵刚走，大队书记的老婆就对我们几个知青说"今晚上就看你们的了，使力整嘛"，意思就是放口要大家往死里整孝福，大家都不开腔，只有张家光很兴奋的样子，原来孝福跟张家光的哥哥张家春打过架，听大队书记这样说，张家光觉得报仇的机会来了，胡国儿、李季友、吴莽子要讲哥们义气，也要为张家光出气就都摩拳擦掌的，我听了没开腔。

吃过晚饭，民兵连长来了，民兵连长姓刘，不多说，喊我做记录，胡国儿、张家光、李季友、吴莽子则一边两人押解着孝福要他交代所谓的罪行，孝福觉得冤枉就没有什么交代的，张家光早已不耐烦了，眼睛一眨，就把孝福押到学校操场的路边上一块蔬菜地里拳打脚踢起来，张家光是为了报仇自然下手狠，还用皮带抽了脸上身上，其他几个则是百无聊赖要练手劲，所以孝福那天晚上被打得很惨，脸上身上到处都是伤。我和民兵连长坐到教室里等了很久他们都还没有结束刑讯逼供，我有些担心怕出人命，这时刘连长发话了，叫我去把孝福转来要他交代问题。我知道是要救孝福，于是立马跑出去弄孝福回来。张家光他们见我来了认为也是来打孝福的，就都对我说"胡跃先弄噻"，我说"刘连长说的喊弄转去交代问题，不能让他蒙混过关"，众人才停止了殴打，从而救了孝福。在这次事件中我自始至终没有打孝福一下，不仅如此我在事后还两度为孝福落泪。一次是在我家里我向我母亲提起，我哭了，我只说了一句"他们打孝福"我就哭出声来了，另一次是在同心渔场我哥哥的寝室吃饭的时候，我谈了这件事情，我当时哽咽得饭都吃不下。我与孝福非亲非故，完全是一种本能，一种良知，我的母亲则夸奖我心很善良，将来有好报。后来我考起学校走了，那位大队书记下台了，孝福上台揭发批判他，一边哭诉一边赞扬我"知青当中只有胡跃先没有打我一下，所以他有好报考起学校了"，当时全镇几千人的大会，一下子都晓得我了，而我那几位知青战友则很不好意思。

（6）

1977年暑假，周家镇初中招考民办教师。我报名了，语文题是副校长施昭全出的，我考了95分，全镇第一，数学是袁世宽老师出的，袁世孝考第一，但是发榜的时候我落榜了。那天我父母都到周家镇中心校开会去了，我因为要等招考民师的消息就没去知青点，结果中午的时候家里的广播喇叭响了，我一听没有我的名字顿时就蒙了，因为我知道我的成绩是全镇第一，现在没有我说明有问题。我马上跑到街上，我父亲看到我了，安慰了我几句就带我到食店吃东西。我心里很委屈就吃不下，眼泪就掉到碗里了。我父亲叫我回家去，我没有走，我一个人去找了刘宏扬校长，想弄清楚是什么原因不录取我，这时施校长也在，施校长就对刘校长说"人都来了就留下来嘛"，刘校长沉思了几秒钟马上就决定录取我了，而且是留在街上周家镇教两个初中班的语文，外加一个班的班主任。事后我才知道原来是知青点上其他人告了我，说我"当知青不到一年就去教书这不公平，大家都是知青应该一视同仁"，后来刘校长在公社党委会上为我解释"教书不是挖干田，不是人人都可以干的事情"，这样大家才心服口服，于是我就离开了知青点，开始了我这一生的教书生涯。

那时全国召开了一个科学大会，郭沫若发表了一篇文章《科学的春天》，其中还引用了白居易的两句诗"日出江花红胜火，春来江水绿如蓝"，一时风靡全国，妇孺皆知。刘校长受了启发决定在全镇中小学掀起一个高潮，向科学进军，当时还没恢复高考，但全国已在传邓小平要搞教育改革了，所以刘校长很受鼓舞。新学期开始了，全镇中小学教师要开大会。刘校长决定由我写一篇讲话稿或一首朗诵诗，我变通了一下，既是讲话稿又是朗诵诗，其中有几句我至今记得："革命江山风光好，红旗飘，干劲高。大地奔驰，比学赶帮超。"本来刘校长是要我和音乐教师汪学雯一起朗诵的，但我觉得我的普通话不标准，就由另外一个男教师朗诵了。那天几千人的师生大会开得很成功，大家也知道了我写的讲话稿。

我任课的班级是周家镇中学79初三四两个班的语文，兼四班班主任，我妹妹胡爱平在三班，所以我教过她的语文。开学第一件事就是选班干部，我选了几个自认为靠得住的学生，结果也还比较满意。班长是一个高个子的女同学，学习委员是一个很清秀的男生。但是有人不服，这是个调皮的男同学，也可以说是个霸王，常常要在路上或桥上挡在中间不让其他同学过，班长和学习委员向我告发了，我就在上课的时候当着全班同学的面严厉批评了这个霸王，情激之下我还用课本扇了他两耳光。恰巧有个老教师看到了，我有些害怕，毕竟不准体罚学生。事后学校没有任何人提过这件事情，学生家长也没有找过我，这也是我这一生唯一一次体罚学生，所以记忆深刻。

因为大家都在当知青而我却在教书，而且还是在镇上，所以我也比较珍惜。我曾经利用一早一晚做过家访，就是下到村上农家小院里，一方面与家长沟通学生的学习成绩，另一方面就是了解他们的经济情况，对条件差的家庭要做学费减免。我到了太平山上火峰山梁子，有个姓阳的学生给我送了五斤花生，春节的时候我拿回家了，我父母很高兴，说当老师还是好，学生记得你，我也备受鼓舞。我们班有个地主子女姓宋，人很老实，成绩一般，我也给他减免了学费，十多年后，我在大竹县委宣传部工作，下乡检查到白坝街上，他在卖甘蔗，当时就送了我一捆。

学校有个老教师，年龄跟我父母差不多，是个右派分子，他还有一顶"特务分子"的帽子。此人姓汪，叫汪世明，善画画，书法和音乐也很好，但那时还在被管制。1957年反右之前，他是这里的校长，因为能力强，有点不听领导的话，所以运动一来他首当其冲。文教局长罗兴旅就曾对我父母说过："汪世明其实没得问题，他就是犟。"他的特务问题也是牵强附会，1949年罗广文"清乡"，也就是剿共，大竹特务头子胡俊生在高滩中心校开了一个会，叫大家要密切关注共产党活动，随时报告，当时汪世明也在场，事后汪并没有任何不利于革命的事情。但反右开始后先是说他反党，然后又说他曾经参加特务组织破坏革命等等，从此之后汪被打入万劫不复的深渊，书不能教了，只能打扫清洁卫生，每天都是掏厕所，种菜，和全校的大扫除，或者某个教师生

56

病了，临时代个课这些。

"文化大革命"结束，邓小平开始拨乱反正，落实各方面各阶层人员的政策，他也非常关注，但"左"的一套仍然盛行，很多人仍然歧视他，而我不怕，经常往他寝室跑，给他传递一些好的消息。那时《人民日报》经常公布某某领导被"解放"了，出来工作了，或者中央又有新的精神了，总之他很期待，也很感激我对他的关心。我的父母一方面肯定我的做法，另一方面又担心我与他走得太近怕其他人不舒服，但我不怕，我觉得汪老师落实政策是迟早的事，成千上万被冤枉被打倒被迫害的知识分子一定会重见天日，中国前进的步伐是任何人都阻挡不了的。

（7）

果然在1977年的冬天，邓小平代表党中央做出了一个重大决定，那就是恢复高考制度。"文化大革命"的十年，中国的教育在"左"的路线干扰下灾难深重，几千万中小学生失学，人民早就期待改变这一现状，现在机会来了，大家奔走相告。一天我收到一封信，是我的姐夫冷晓籁写来的，一封关于高考复习的信。冷晓籁是我父亲的好友冷峻德的亲侄子，1949年冷峻德被国民党杀害，我父亲为他收尸并处理后事，那时冷晓籁还小，只有四五岁。中华人民共和国成立后冷晓籁考上了南充师范学院中文系。他字写得好，文章也写得好，他的妻子是我的堂姐，因为这几层关系他与我们家走得很亲，所以恢复高考的消息还没正式公布他就写信告诉我们了，并且对我们三兄弟都有所期许。

我大哥胡建新高中72级，此时在同心渔场当工人，我高中76级，现在是知青教民办中学，我三弟胡争上高中77级，在待业。大家读了冷哥的来信都很激动，觉得机会来了，我们从此之后要改变面貌了。此时我观音中学的老师邓礼安也给跟我来信了，很明确地跟我说母校对我希望很大，要我回学校复习。我的弟弟争上也收到了竹中要他回校复习的信，他毫不犹豫地去了，我的哥哥在渔场上班不能请假，只有边上班边复习。而我呢，我陷入了深深的思考当中…

第五章　我在达州

作者夫妻照

（1）

　　我这个人是一个很矛盾的人，而且也是一个很困惑的人，没有机会想机会，机会来了又抓不住机会。我当时想民办教师也来之不易，如果去脱产复习就意味着我的民中教师保不住，其二我对全面恢复高考完全看成绩定乾坤还表示怀疑，当然这主要来自于社会的看法，比如刘校长就认为执行了十年的推荐上大学不可能一下子改过来，对邓小平的政策还持观望态度。第三我又比较自信，认为凭自己的底子应该不成问题，总之在种种的矛盾困惑中，我选择了放弃回校复习，哪知这一决定导致了我终身的遗憾。

既然不回校复习，那我总要自修，于是我就利用晚上的时间看了看语文和数学，但我的数学实在是太差了，无论怎么看都看不进去。离高考时间只有一个多月了，我决定放弃数学，而专攻语文。此时我观音中学的老师李广书家在周家医院，他每周都要回周家，我去找过他，他叫我语文事先做个准备，就是写个作文放到那里，又叫"打定子"，当时都很时兴，这是从科举制度以来都有的做法，如果打到了就赢了，打输了就倒霉了。我自己选了个题目——"当我唱起东方红的时候"，大约写了1000多字，李老师看了很满意，并对我说就看你的运气了。

高考前夕，周家全区6个乡镇的几届学生都集中在周家区中学，有66高的，也有77高的，一共11届学生，有的甚至是父子同堂，像我是兄弟同堂，我和我大哥建新编在了一个考室，他坐第一排，我坐中间，我弟弟争上要考外语就到竹中去考试去了。第一堂语文，我打开卷子一看，基础知识还可以，我比较有信心，而作文我完全傻眼了，不在我打定子的范围里，而是一篇材料命题文章，记得是演《小兵张嘎》里的一个演员吴什么名字的一篇思想心得文章。那时人年轻没有经验，一看不是我准备的文章就心慌了，当下把基础知识做完，就把——"当我唱起东方红的时候"的文章不管三七二十一改头换面地抄上去了，我心里知道这完全驴唇不对马嘴，但时间紧不容我多想，就马马虎虎地以为可以应付过关。哪知道考试一结束，申启文老师就大摇其头，说我写偏了，我长叹一声又参加第二堂考试——数学，这一堂更是惨败，几乎是零分。接下来政治和史地一般，也不是很好，考试完毕我完全崩溃了，因为我有自知之明，所以就高兴不起来。

大约过了半个月大学体检名单下来了，我们三兄弟都落榜了，周家全区考起四个人，有我的本家侄子胡建锋，我真是羡慕嫉妒恨哪，但说归说，谁叫我自己不争气呢？又过了几天，中专体检名单下来了，周家全区一共十几个人，我和我大哥胡建新榜上有名，而争上仍然落榜。与我一同考取的有我的好同学黄勇、刘长莉、徐刚，但他们都是初中生，我在欣喜的同时，隐隐有些不甘和耻辱。我哥哥好像比较平和，而我则比较烦恼。我的父母一方面为我们考上学校而高兴，同时也觉得没争到更大的面子。有天晚上我与争上拌嘴，我说他没考上，他反唇相讥"你还是只考了个中专"，我当时就躺到床上大哭一场，把积郁了很久的耻辱和痛苦烦恼全部倾泻出来。我父母也不来劝我，我三姑来劝了我几次，我仍然止不住号啕大哭。是的，我的自尊，我的骄傲，我的自豪，我的青春梦想，我的远大目标，都被这次高考击得粉碎！

（2）

1978年4月，我考上四川省达县卫生学校79级医士一班，当汽车飞过红旗大桥那一瞬间，我的心里还是很喜悦的，毕竟我是万千学子中选拔出来的，是以分数，是以实力考上去的，何况我还是读的省属中专。达州我并不陌生，它是川东北重镇，清朝时期它叫绥定府，就是平安、安定的意思。为什么叫这个名字，是因为嘉庆年间这里爆发了白莲教起义，嘉庆皇帝花了好多年时间才平息下来，为了讨个吉利皇帝亲赐了这个名字。清朝灭亡，又叫达州。1932年中国工农红军第四方面军攻克达州，建立了苏维埃政府，以后红军撤走，四川军阀刘存厚长期盘踞在这里，直到1949年中华人民共和国诞生。这里也有很多名人，明朝思想家唐甄，白莲教首领王三槐，老革命家王维舟，上将张爱萍、陈伯钧，将军诗人书法家魏传统，当代诗人梁上泉，等等，可以说是人杰地灵，物华天宝。而它的著名景点也有很多，州河、红旗大桥、翠屏路街道、凤凰山、白塔等等，张爱萍将军的题诗就刻在凤凰山上——"凤凰山上凤凰飞，万马奔腾万马催。曾记州河风卷浪，万山红遍待时归。"可以说是一首非常漂亮的七绝，革命家的壮志豪情跃然纸上。

卫校坐落在达州城的北边胡家坝，刚好在凤凰山的东北麓下，面积有100多亩，紧邻它周围的单位有汽车45队、达县地区人民医院住院部和一个炮团，教学楼的背后就是州河。我们这个学校是一套人马两块牌子，既有大专又有中专，大专校长叫万大孝，中专校长叫王忠芳，我们对那些大专生并不服气，原因是他们的分数比我们并不高多少，可能就一二十分的差距，据说我们班上也有参加了大专体检的，但最后仍然落在了中专。也许是我们的心理作用，我们看那些大专生总觉得他们有点优越感，于是就更加有隔阂。我们的班主任叫刘举仁，50岁左右，中等个子，微胖，开江人，学中医的。开学第一天由他指定了班干部和学习小组长，罗四夕是班长，纪竹是团支部书记，我是第二小组的组长。

我们那个班来自达县地区11个县的7个县，那真的是五湖四海，与我们同寝室的8个同学来自渠县、平昌、邻水、大竹，邻水来的是重庆知青，叫杨丁，渠县来的是侯智红、胡振林、杨明、罗四夕，平昌来的是杨成禄和张济平，张是副班长。我和侯智红睡上下铺，我睡上面，他睡下面，他父亲是渠中校的老师，因为我们都是教师子女，所以有很多共同点。他跟我一样对录在中专也感到遗憾，都一个学期了，我们还没有舒解过来，为此我们两个还到达县地区高中部，也就是达高中去看过78年高考，转来的路上我们大发感慨。是的，我曾经想放弃读达县卫校，想复习参加第二年的高考，事实上也确实有一部分人选择了放弃读中专而通过复习又考上大学的，而我也终于因为没有多少底气而不敢放弃中专。我在整个卫校期间都因为这种情绪的干扰而影响了我的学业，我的小组长也在改选中落选了，继任者是陈联。

刚入校不久我们就到达县大树区去大战红五月，我本来是要去的，但是突然患了疥疮，周身奇痒，我被留了下来，还有一个张新华同学也因为生病没有去，我在一边看病的同时，一边也挂念着同学们，等到疥疮还没好完全我就到大树去了。我看到全班同学分住两个教室，男生一间，女生一间，全部打地铺。在这里我听到罗隆滨说带队的徐老师对我很有意见，本来想让我一起去办专栏，要我写点文章，结果我不去，反正话说得很难听。我一听就不舒服，我有病，而且是疥疮，不仅自己难受，也要传染别人，于是我只待了一个多钟头就走了。回到学校我又全身擦药，就是硫黄软膏，这样坚持了一周感觉好多了，我把弄脏的衣服裤子全部丢了，洗了一个澡，就全部好了。

我们也在达县的中坝和铁山劳动过，在中坝我看到了达县地区最大的官员——地委书记李香山，李香山不姓李而姓王，他夫人姓李，为了革命工作他们夫妻互相换了姓，他是山东掖县人，是南下干部，1949年12月随刘邓大军到了四川，刚解放的时候是大竹县委书记，因为是工农干部所以很受四川省委书记李井泉的赏识。在铁山我也第一次知道了军阀田颂尧的名字，田颂尧和刘存厚一样统治川东北十数年，多次和红军作战，是徐向前、张国焘的劲敌，但最后都被徐张打败。跟我们讲的人是一个老者，他们对于当年红军的事迹仍记忆犹新。也有同学叫我讲故事的，但在老者面前我不敢妄言，只有逊谢。

（3）

在卫校两年我不大认真读书，像早晚自习我基本上不参加，当同学们背解剖、背生理病理非常用功的时候，我却在附近的炮团看电影，或者一个人跑到城里看川剧、话剧、京剧，总之是个"问题儿童"，为此支部书记纪竹还说过我，记得有本《福尔摩斯探案选》我就是在上课时间看完的。那个时候达县师范专科学校有两个学生很出名，一个叫田雁宁，一个叫谭力，两人都是中文系的，都已经在当时达县地区最大的文艺刊物——《巴山文艺》上发表了文章了，与莫言、贾平凹、刘震云、刘恒这些当代作家是同时起步的，我当时就很羡慕，想象着如果我也考起了达师专中文系该有多好哇。

但是历史不能假设，我还得承认现实，还得安心读书，否则不能毕业，起码有些课程不能及格。还好两年下来我没有一堂课程是不及格的，多数都在80多分，而中医我还考了个全班第一，99分。中医跟西医不一样，讲的是整体观念，尽管我卫校毕业后一天医生也没当，但三四十年来我仍然记得它的一些基本理论和基本方法，什么阴阳五行，八刚治则，升降浮沉，四气五味我都没有忘记，而一些经典方子我也背得，参加工作后我虽然没有当医生，但还有人请我看病处方。我的四姨和前岳母就多次让我开中药，她们吃了也还管用。除了中医，其他西医理论我也不是一点收获都没有，我至今记得12对脑神经的口诀——"一嗅二视三动眼，四滑五叉六外展。七面八听九舌咽，十是迷走十一副，十二舌下神经完。"

卫校虽然是理科，但文娱活动一样不少，也搞歌咏比赛，也出文艺专栏，准确地说叫学习专栏。记得是个"七一"党的生日，班主任刘老师就叫我写了篇文章投上去，印象中是一首词，其中有这样几句——"南湖红船，破浪天下传。划开春水向人间，遍地星火燎原。"多年以后董劲还提起此事。董劲的妈妈是达县地区财贸学校的校长，中华人民共和国成立前就参加了党的活动，可以说是个老革命，对子女要求也很严格，尽管董劲和我一样对学医不感兴趣，但还是比较遵守纪律的，成绩也还可以。那个时候班上的好学生很多，尽都拼了命地学。赵子江同学是南江来的，读书之前就在南江县医院工作，是搞麻醉的，他就知道不少医学理论。他也乐于向大家介绍学习经验，常常在课外活动时间给我们做些辅导，大家都很尊重他。

我们第一次实习是在渠县，当时叫见习。我分在贵福医院，带队的老师叫王德明，对我很好。王德明老师是"文化大革命"前考入四川医学院毕业的，很有真才实学，但是"文化大革命"爆发，他家庭出身不好被分在了渠县乡下，也就是贵福区医院，那时他一个穷学生，身无分文，但是被食店的服务员看上了，因为他不仅是一个医术精湛的医生，还是一个美男子。于是王老师就在贵福安了家，直到"文化大革命"结束落实知识分子政策，王老师才被调回达县卫校教书。王老师教书既重言教又重身教，他教我的第一堂课就是引产，他对我说

"你看我做一遍，然后你再做，注意我的动作要领，不要慌，慢慢来。"我记下了，并在他的示范下学会了引产。他不仅对我态度温和，对病人也很好，从不发脾气。

侯智红也在贵福见习，贵福是他的家乡，自然很熟悉那里的一切。他的哥哥考上了渠县师范校，我的哥哥考上了大竹师范校，我们两家人都是同时考上两弟兄，所以都挺自豪的。一天他邀我到他家去做客，那时他家修了新房子，可以说非常殷实。为了我的到访，他母亲专门做了咂酒，也就是渠县很有名的一种自家酿酒，用一个土陶罐，装上糯米、清水、酒曲，通过几天的发酵就成了。我们大竹家乡也做，但叫醪糟，我祖母就做得来。但是大竹跟渠县做法不一样，吃法也不一样，我们大竹是盛在碗里吃，渠县是用一根竹管插在陶罐里吸。我在侯智红家里就是第一次这样吃，感觉很新鲜。

我的中医基础很好，带我的老中医看病的时候我就坐到他的侧边，他诊断就叫我写药方，基本上他一出口我就写得来，不用问他，他说完我的药方也开好了，所以他很欣赏我，也认为我们是通过高考进校的能力就是不一样。有一天下班了我正准备去打饭，突然一个女护士给我把饭打来了，当时医生办公室就我们两个人，她把饭递给我，还把她的菜分了一些给我，我看了她一眼，她脸红了一下，然后就低头吃饭了。我至今记得她姓范，样儿很漂亮。渠县有个岩峰比较大，我们班也有同学在那里见习，我曾经一个人去看过，也转了那里的街道，与我的家乡大竹周家场差不多大，后来我知道著名诗人杨牧就是那里的人。杨牧家庭出身地主，因成分不好一个人跑到新疆，吃了很多苦，受了很多难，以后被有关领导发现诗写得好，命运才有了转机，现在"文化大革命"结束，也开始在全国出名了。

（4）

　　一天我回到学校，收到我父亲的一封信，说是我的姐夫孙才清在达县地区科委工作，叫我去见他。我的姐姐叫胡发秀，是我父亲的堂侄女，从小是个孤女，父亲被土匪打死了，母亲患肺痨，孤儿寡母住到黄城寨上，生活很艰难。那时我祖父胡公茂修先生是保长，也是胡氏清明会的会首，相当于族长，在乡间有一些势力。我父亲先是在胡家祠堂教书，后来又在高滩小学教书，后来又在高滩乡公所工作。我父亲教我发秀姐姐读书，并很喜欢她的聪明，对她家的情况也很同情，常常挑米挑柴到黄城寨上接济她两娘母。发秀姐姐的母亲很感激我们一家人，就拜寄给我祖母做干女儿，发秀姐姐也经常往我家里面跑上跑下的，以后她母亲去世，她更是住到我们家里了。中华人民共和国成立的时候，我父亲帮她考上了大竹女中校，后来在渠县土溪供销社工作。参加工作的时候，我父亲帮她置了新衣服、蚊帐、棉被等生活用品，所以她非常感激我父亲，视我父亲为亲生，经常给我父亲写信落款都是"儿发秀"这样的字样，后来还给我父亲定制了一件羊毛皮大衣。

　　说来也是巧遇，那时发秀姐姐和孩子们还没调到达县来，孙大哥一个人在那里，但我们并不认识。我去找他的时候他刚好吃了午饭出来，正准备出去休息一下，我在楼下对他说"我找孙才清"，他马上说"我就是"，然后就带我到食店吃饭，吃饭的时候彼此摆了一些两家的情况，当时就感到一见如故。孙大哥是20世纪50年代西南师范学院（今西南大学）数学系的高才生，毕业后分回渠县老家，先做区委书记，以后做达县地区科技情报研究所的所长。我在达县卫校还没毕业的时候，发秀姐姐和孩子们都调来了，大女玉春，二女雪冰，三女永红，小儿永跃，一家人住在凤凰山下科技情报研究所的宿舍里，条件还比较艰苦，一排宿舍，一家一间，他家六口人，我周末去，晚上回学校，发秀姐姐和孙大哥都要弄好的给我吃。孙大哥是领导，但在家里面就是个火头军，里里外外一把手，而且脾气也好。有时发秀姐姐还要背到孙大哥给钱我，并嘱咐我"莫让那个舅子晓得了"，我心里明白其实他们两夫妇感情很好，这样说是表示对我特别亲近，至今想来还很有趣。发秀姐姐和孙大哥是帅哥靓女，所以他们家的四个子女都很漂亮。

我也经常到我表姑袁名碧家去，袁名碧是我曾祖母的侄孙女，和我父亲是表兄妹，她也是我母亲的学生。她的父亲死了，她母亲改嫁，她跟她叔父，也就是她三爷长大的，60年代初她被招工到达县地区罐头厂工作，当打字员。那时达县地区罐头厂可不得了，生产的罐头打的是上海牌子，而那上面的字就是我表姑打的。她后来跟一个转业军人结婚，表姑爷叫罗忠义，是民办教师，先时不生，没有小孩，抱养他的侄儿远方为儿子，后来又生了一个叫有益。那时远方有七八岁了，在读小学，有益才三四岁，两弟兄都很聪明，也有礼貌，喊我喊"跃先哥哥"。那时物资还比较紧张，肉食更俏，但是罐头厂得天独厚，我每次去都是大肉大菜，饱餐一顿，那真是惬意得很。后来我还带罗隆滨同学去过，因为都是大竹周家老乡，我表姑对他也很好，到今天罗隆滨也还记得起。

我在达县卫校的时候也经常去我的好朋友好兄长王以汉那里去，他在达县地委农工部工作，他字写得好，文章也写得好，是单位的笔杆子，经常为单位写调研报告。他是大竹周家高峰村的人，与我同村，他原来不在高峰，而在七星村，1958年修同心水库，他家在库面以下，就迁居到了高峰。他不是我父母的学生，但对我父母特别尊敬，本来他父亲和他本人的字都写得很好，但每年过年他回家写对联都要找我父亲给他写，而且把格子打好，方便我父亲写，内容则全由我父亲编。他们家是"五好家庭"，除了他父母，还有兄嫂子侄男女，和他妻子儿女，全家上下十来口人和睦相处，其乐融融。最为人称道的是他的母亲并不是他的生母，但他们母子情深，他父亲死了之后，他把他母亲接到单位住了很长段时间，直到逝世。

王以汉是68高的学生，应该是老三届，他和张光前是同学，两人关系非常好，也一同到过北京接受过毛主席的检阅。他为人非常谦虚，从不炫耀，对家乡人他也非常好，不摆架子。我是一个周末第一次去他那里的，那时达县地委多数机关都在一起，也就是地委大院，有传达室，也有军人站岗，我通报了姓名武警就让我进去了。他正在洗衣服，见我去了立马收拾好，就带我到了他的寝室。他比我大十岁，我喊他汉哥，他也不客套，当天晚上就自己下面条招待我，还拿了酒出来喝，我们就一边喝一边聊，从高峰聊到周家，又从周家聊到观音中学，因为我们也是校友，然后从"文化大革命"聊到现在，又聊到达州，包括达县地委大院的一些私密事情，他都跟我聊了。那时他母亲和妻子还没去，他在大院是一个人"单操"，当天晚上我们兄弟连床夜话，非常投机。突然摆到天都要亮了，他很认真地对我说，"你睡一会儿，我要去打扫办公室，我马上要入党了，组织上正在考验我。"从那一刻起，我就知道他是一个追求进步的人。以后我经常去他那里，他也是自己弄饭，把他家里的腊肉香肠拿出来供我品尝。有一次他还带我去参观了白塔，我们是徒步去的，到州河上坐了一段船，走到白塔下面，我们看到白塔巍然耸立，州河缓缓流淌，河上几叶轻舟，我们两个大发感慨，认为应该把这里搞成一个公园。多年后我写了一首词：

一剪梅　**达州白塔**

记得州河一叶秋，白塔江中，浪里孤舟。凤凰未寄东风来，竹笛吹时，独上高楼。　似海红尘滚滚流，一处霜花，千万哀愁。西风昨夜黄昏后，才下云头，又到波头。

（5）

转眼间我在达县卫校已学了一年半了，还有半年就毕业了，而最后这半年也就是我们的临床实习期，全班50个同学分到几个实习点，有南江，有通江，有渠县，有达县，有地区医院，也有地区第二人民医院。我也不清楚是什么原因把我留在了地区第二人民医院，当然条件就很好哦，一是在专区所在地达县城，二是医疗条件要好得多。当时人年轻搞不清楚，以后年纪大了慢慢懂了，那就是我在渠县贵福医院的带班老师王德明对我很好，他现在是我们的班主任了，他把我留了下来。一同留在二院实习的有十个人，五男五女，都是帅哥靓女，他们是罗四夕、董劲、余政、郭卡德、胡跃先、纪竹、张恒、刘晓红、张茂清、邓赵玲。

有一天我在医院的走廊上看到一个漂亮的年轻女子来找余政，样子很亲密的，事后他们告诉我，那是余政的女朋友，叫张义琴，在通川纺织厂工作，他们正在热恋当中。此时我与老家的女友已解除恋爱关系，而我们班解除恋爱关系的很多，张济平就跟我摆过他也不满意包办婚姻，与老家的吹了，正在另谋发展。受了这些影响，我的心也有些动了。刚好那几天我与一个女同学都在中医科赵老师那里实习，我就开始思考这个问题了。赵老师是重庆人，成都中医药大学毕业，她的母亲在四川军阀刘湘的家里面做过事，从她的口中得知，她并不反感刘湘这些军阀。她说刘湘在重庆李子坝的公馆有很多人，各干一摊，各司其职，刘对下人很好，这是我对军阀的最初印象。若干年后，我写了一百二十回本长篇章回小说《四川军阀通俗演义》，对军阀也没有全盘否定，虽是戏说，但大体还是真实的。

经过认真酝酿，我写了一首藏头诗给那位女同学，我对她说你现在不要看，回到寝室慢慢看，她收好后就走了。第二天她对我说："胡跃先，你写的啥子，我没看懂。"我轻声告诉她，藏头诗就是把每一句话的第一个字连起来就是作者要表达的真实意图，我这样说她一下子就明白了，彼此笑了一下就沉默了。不久我和罗四夕、张恒每人买了一本《实用内科学》，很管用，我们早晚都读，从中学到了很多理论，我很珍爱这本书，还请发秀姐姐给它做了一个布的封套，那位女同学也很喜欢，还从我这里借去看了很久。

我在实习内科的时候管了一个病人叫谢果，是达县地区中级人民法院的法官，是个业余作家，他在病房里就在写小说，我也看过他发表在《通川日报》上的文章，当时就很羡慕。有一天我和郭卡德到翠屏路电影院去看了一场电影《小花》，拍得很好，主演是唐国强、刘晓庆、陈冲，当时他们才出道，但已经给观众留下深刻的印象了。回到医院我找来纸笔，也开始学写小说了。我本来要保密，但是罗四夕他们偏要看，好像还有一个开江来的进修生也是要非看不可，我没法，把还在进行当中的初稿给他们看了，那位开江来的进修生给我提了很多意见，弄得我很不好意思，以后就不写了。

第六章　嘉陵江上

兄弟仨

（1）

　　1979年9月，三弟争上考起南充师范学院（今西华师范大学）政治系。争上是一个自尊心很强的人，从恢复高考到现在他已经连续考了三年了，这一次终于考起本来应该高兴，可是他却高兴不起来，我父亲把他送到学校。走到大竹城的时候文教局长罗兴旅说了一句话"学校不好专业好"，这样我兄弟才稍稍有些释怀，用今天的话来说争上不是读的一本，不是名牌大学，所以他高兴不起来。还在我和大哥建新考起中专的时候，有人就劝过他，叫他接我父母的班算了，但他不依，非要凭本事自己考起不可。

南充师院在嘉陵江上的南充，最初和四川师范大学是一家，其前身是抗战时期办在四川三台的东北大学，1950年才迁到南充，它的校址在川北行署所在地。那时候四川划为四个行政区，川东川西川南川北，川北行署设在南充，行署主任是胡耀邦，下辖绵阳、南充、达县三个地区，是省级单位。行署修得非常漂亮，可以说是绿树成荫，风景如画，在四川只有西南师范大学才赶得到它。不仅如此，南充还是一座历史文化名城，著名的历史学家陈寿就诞生在这里。近现代的革命家张澜、罗瑞卿、任白戈也是这里的人。1927年这里还爆发过刘伯承领导的顺泸起义，也就是南充泸州起义，赶走了无道军阀何光烈，打响了"巴蜀革命第一枪"。南充又称果城，有嘉陵江大桥、有白塔、有陈寿万卷楼，有张澜纪念馆，还有罗瑞卿纪念馆，总之风景名胜很多，它的丝绸和川北凉粉都很有名。

我的姐夫冷晓籁就是这个学校毕业的，读的是中文系，所以很会写文章，我的大嫂黄增玉也是这个学校毕业的，是工农兵大学生，读的化学系。1975年我大嫂在这里读书的时候，我父母去看她，也把争上爱平带起去过，所以争上对这里并不陌生，今天故地重来别有一番感慨在心头。这里也有我们的家乡人，那就是南充师范学院后勤处的钟浮尘孙琼芝夫妇。孙琼芝是黄城寨上的人，她家是大地主，父亲是民国初年的大学生，因为家里有钱就不去工作，在家当大少爷，吸鸦片，后来病死了，母亲带着她和妹妹孙琼瑶孤儿寡母地过着。她妹妹孙琼瑶则和我母亲黄达蓉是同学，而且是好得不得了的姐妹，那时正是抗战时期，反法西斯战线有三巨头，罗斯福、斯大林、丘吉

74

尔，我母亲和孙琼瑶、冷同寿三位要得好的女同学也被大家戏称为班上的三巨头，我母亲因为嘴巴会说，懂外交，就被大家称为丘吉尔，直到多少年以后人们看到我弟弟胡争上的时候，也要被大家开玩笑地说"丘吉尔的儿来了"。

我父亲带我弟弟去拜访了孙琼芝，那时她正在生病，好像是癌症，已经病卧床头了，但是见到家乡人来还是很高兴的，专门喊她女儿钟碚林跟她把脸洗了，把头也梳了，半卧着与我父亲他们见了面，一边说一边就在咳嗽，她女儿劝了她几次喊她不说了，但她仍兴致勃勃地要与我父亲攀谈，她说家乡人来了怎么能怠慢呢？不久她就病死了，争上去参加了她的追悼会，并伤感地哭了。争上和碚林还经常在一起玩，碚林后来调到成都132厂，争上在《四川日报》工作，他们两姐弟也非常要好。

与在大竹一样，争上最先被别人熟知的还是他的舞蹈，刚开学老师叫大家填个人爱好，争上就填了舞蹈，并在国庆全校联欢会上一炮打响，走到哪里人们都要说"79级政治系的胡争上"，争上也挺高兴的，就把所有的不快通通丢到爪哇国去了。虽然争上大学读的是政治系，但他把大部分时间用在了读文艺书上，古今中外的小说他都读，而且写学习笔记。有一次老师念了一篇文章作为鉴赏，并叫大家学习，争上一听是他的，当时很受鼓舞。以后书读得越来越多，我国二三十年代的经典名著他读，苏俄文学他读，日本文学他也读，英美文学他仍然喜欢读。那时报上发表了一篇文章，说是《大卫·科波菲尔》是全世界发行最多的小说，他就欣喜若狂，因为他也正在看这本书。争上认为苏俄文学忧郁深沉，日本文学清丽雅致，英国文学温情脉脉，他不喜欢美国文学，特别是法国文学，他认为法国革命太彻底了，所以揭露得太深入骨髓了，看了不怎么舒服。但罗曼·罗兰的《约翰·克利斯朵夫》这样的体现了人文精神的法国文学他还是很喜欢的，此外德国的《绿衣亨利》他也喜欢。这时他迷上了30年代著名作家萧红，对她的《呼兰河传》情有独钟，多年以后争上已是《四川日报》的副刊编辑了，也仍然忘不了再读一遍萧红的作品，每每这个时候都要为萧红的悲惨身世而伤心落泪。

（2）

我在达县卫校毕业前夕有一个空挡期，我利用这个空档期去了一次南充师院，目的有二，一是去看看弟弟争上，二是去分享一下争上的喜悦。我从达县直接去的，经过了渠县、广安、蓬安、蓬溪，就一路到了南充，走到路上我望到窗外的景色就明显感到有一种别样的味道，是啊，大学就是大学，与中专有天壤之别，而人生的种种际遇仿佛就从这里有了分野。我一方面为争上的成功感到由衷的高兴，同时又为自己的落第而嗟叹。我走到他的寝室他才发现了我，兄弟相见分外高兴，当天他没有去上课，而是陪我转了校园，图书馆，又到了他们的运动场和大礼堂，我从他的脸上已感到他的自豪，但是瞬间即逝，我知道他有不满足，甚至有惆怅和失落。我当时就想人啊人，真是一个奇怪的动物，没得到想得到，得到了又觉得有遗憾。

在南充争上还陪我转了五星花园，嘉陵江大桥，陈寿写书的地方也就是今天的陈寿万卷楼，在嘉陵江边我们两兄弟照了相，是在一只小船上，江上微风习习，山上苍翠欲滴，夕阳余晖洒在江面，金波粼粼。那时我们两兄弟刚好都配戴了眼镜，所以看起都很文静秀雅，一派书生气。转来的路上他请我吃了川北凉粉和张飞牛肉面，一边吃一边就谈起了罗瑞卿，他说纪念馆还没开放，但他去看过。从这时起我感觉到他对中共党史也很感兴趣，而我刚刚也在达县地区新华书店买了一本吴晗的《朱元璋传》，于是两个人天南海北地闲聊着。我知道他兴趣很广泛，文学历史哲学都有涉猎，我也鼓励了他几句，认为大学阶段仍然是打基础，只有研究生才要确定自己的方向，他听了也深以为然。后来我把在南充嘉陵江的见闻写成了一首词：

江城子　南充陈寿万卷楼

如山一笔似天狂，扫枯黄，傲穹苍。力拔劲道，迤逦上高岗。俯瞰嘉陵千顷水，评三国，话刘郎。　　文峰白塔对相张，四门望，更无妨。羽扇纶巾，史笔标汉唐。吊古我来同下泪，伤隐士，哭天狼。

不久争上爱上了写作，而对于一些他认为不关紧要的课程他表示了不满，并且写了一篇心得体会《拾人牙慧之牙慧》，那位老师非常生气，还在班上念了这篇文章，争上似乎也没有受到什么打击，仍然我行我素写他的小说。南充地区最大的文艺刊物叫《嘉陵江文艺》，有个副主编叫阳正太，后来是成都市委党校副校长，他当时对争上的几篇文章很欣赏，其中一篇叫《到奶娘家去》，深情而又细致地描写了到我奶娘家去的种种生活细节，很多镜头都很真实感人，当时争上才大二，他的写作才华就凸显出来了。本来阳正太要给他发表了，但是主编认为体裁不确定，既像小说又像散文，所以不予签字发表，争上一气之下从编辑部把稿子要回，阳正太劝他暂时留下等等看再说，但争上不依非要说拿回家去给我的父兄看不可。

那时《嘉陵江文艺》发表了一篇中篇小说《燕儿窝之夜》，在全国引起轰动，作者魏继新也成了名人，魏继新对争上的写作才华也很看好，并鼓励他不要灰心，将来前途无量，争上于是又写了《初忆朦胧》《冬天的雷鸣》《矿石收音机》《雨夜来客》《怕小狗》《我差点丢了》《假期愉快》《坡那边还有河》等多篇介于散文和小说之间的文章，以后总定名为《童年往事》，收录在他的散文集《开朗与腼腆》里。《初忆朦胧》写了他的童年记忆，他说他是三岁记事，到我奶娘家去看到我的莽子哥哥结婚的一些事情，童年的天真幼稚尽在笔下。《冬天的雷鸣》写了一个小孩对雷声的恐惧以及父母的关爱，对儿童的心理描写很细腻。《矿石收音机》则描写了对精神食粮的渴求和稀奇，而对少年粮事也不回避。《雨夜来客》写了一段充满神秘和恐惧的往事，但笔调很温情，不带任何主观色彩。《怕小狗》《我差点丢了》也是一些琐碎之事，但都写得细致入微，给人如闻其声如见其人之感。而《假期愉快》则写得最为温婉抒情，通过对两个侄儿的童年趣事的描写，深情地讴歌了天伦之乐，从中我们可以看到一个书香门第的家庭生活，及其全部的幸福感。《坡那边还有河》则预示了对未来的希望和向往。

以上这些作品都是争上的习作，虽然还很稚嫩，但已显露了他的创作才华，既是他的成长史，又是他的心路历程，体现了他对家庭，对亲情，对社会，对人生的关注和热爱，从某个侧面我们可以看到他的人生观、世界观和价值观，虽然是不全面的，但已分明透露了一些鲜为人知的信息。而他的创作手法也是值得肯定的，它不张扬，不喧嚣，更不凌厉，但它很细致很抒情很温婉，甚至有些温情脉脉，这一点有点儿受英国文学的影响。须知这还是20世纪80年代，他的眼光他的追求就已经很不一般了，这为他中后期的写作打下了坚实的基础。在他生命的最后年华他的写作风格已经改变了一个单位，一个媒体的写作风格，而成为《中国水利报》一道璀璨靓丽的风景，这一切不能不说是与他早年的磨砺锻炼分不开的。

（3）

在南充师院图书馆，争上发现了一本《大众电影》杂志，从此对电影入了迷。这本杂志创刊于20世纪60年代初，是当时的文联主席郭沫若题写的刊名，在"文化大革命"前就很出名，而且经周恩来总理提议，还在全国评选了22大明星，有白杨、赵丹、孙道临、秦怡、张瑞芳、谢芳、田华、于蓝、王心刚、王晓棠、陶玉玲、张良、舒秀文、王丹凤、上官云珠等人，争上对这些人非常熟悉，如数家珍。谈起他们，他总是那么有兴趣，不仅如此，他还对二三十年代，直至40年代的电影明星也有研究，比如胡蝶、阮玲玉、蓝马、陶金、周璇、顾而已、王人美、黎莉莉、金山、金焰等。在整个大学阶段，争上都沉浸在文艺的氛围里，或者看文艺书，或者搞创作，或者看电影，或者表演节目，但他又不是那种浅尝辄止的人，而是对这些很有研究，很有心得。

他又是一个很矛盾的人，一会儿想当作家，一会儿想当演员，一会儿又想当大学教授，人生的梦想很多。他少年时还曾把自己想象成一个地下情报人员，所以他看《红岩》时就曾为江姐、李青林、孙明霞的慷慨赴死而泪流满面，并学着他们的样子在某一个角落表演大义凛然地走向刑场，而这时，所有人都要当他的观众，与他同悲共喜。他看《卓娅和舒拉》，就想象着自己也在抗敌前线，在埋地雷，在剪德寇的电线，或者像舒拉一样驾驶坦克奔向战场。但是在所有爱好中，他最感兴趣的还是表演，这时他正在读《斯坦尼斯拉夫斯基全集》，受斯的影响很大，他也读赵丹的《地狱之门》，对于他们在少年时代对着教室，对着镜子，对着山坡或河流表演，就很有同感，仿佛找到了知音。

当然在所有这些方面，争上最看重的还是亲情。某年春节，南充市所有大专院校要搞文艺会演，本来学校寄希望于他拿个大奖，为学校争光，他也准备好了，但到最后他却放弃了表演而回家探望父母。他工作后第一年，因在国防厂有些福利，单位发了几十斤河北鸭梨，他一个都没吃而是全部带回了家，那时我们家还在乡下大竹周家高峰村小学，这里不通公路，他是走路自己提回来的。我的妹妹胡爱平比他先工作，争上放假的时候去看她，还亲自为我妹妹拆洗被褥。他去世后，我们在他北京的家里发现了一张我们家的全家福照片，他已经做好装上镜框，还没来得及挂在墙上。每每想到这些我们全家人都要泪流满面，而我妹妹更是泣不成声。

争上在南师也有要好的同学，有个叫姜早工的就是他最好的朋友。姜早工比他大三四岁，是乐山犍为的人，父母也是教师，但因其父被划为右派分子，"文化大革命"的时候受到了一些冲击，所以姜早工经受了很多生活的磨难，很成熟，不仅学习成绩好，而且关心他人，很有凝聚力。他不仅帮助争上的学习，而且还为争上排忧解难。有位姓侯的同学因为政治观点与争上不一致，两人闹了些矛盾，是姜早工帮他们化解的。那时正是改革开放的初期，大家对真理的标准讨论得特别多。一次，争上与侯同学发生争论，两人都很意气用事，引来全班同学的围观，后来两人互不说话，僵持了很久。这些问题放到今天本来算不上什么，但在当时却很特别，反映了那个时代人们的思考，人们的理论水平。加之，他们读的又是政治系，对政治本身就比较感兴趣。这也说明争上除了对文史哲感兴趣，对艺术情有独钟外，对他的专业也不排斥，不仅不排斥而且很有自己的见解和思考。在我们家里，争上往往也要就一些国家大事和敏感问题发生争论，他的观点一般偏于激进，而我较保守，我大哥则比较中庸，从年轻时代到他最后的归去，我们始终存在着分歧，但在分歧之外，我们更多的还是血浓于水的亲情。他与姜早工同学以及其他同学之间的分歧也体现了友谊第一的精神，多年以后，姜早工已是县委书记了，他们仍然为各自的观点争论不休，但两人的感情却像亲兄弟一样。

（4）

我在达县卫校临近毕业的时候，我父亲来看过我一次，先后看了我表姑袁名碧，我姐姐胡发秀，我的好朋友王以汉。我父亲还看了他的同学张琼英阿姨，张阿姨在达县地区中医校工作，做图书管理，刚好我的好同学徐刚在那里读书，我们是通过徐刚联系上的。张琼英和我父亲是黄城寨高小的同学，都是好学生，她长得漂亮，那时她已经五十多岁了，但风采不减当年。她的丈夫是县委书记，他们一家人在少数民族地区工作了几十年，后来老了才回到达县。她和我父亲见面非常高兴，摆了许多年轻时代的龙门阵，从学生时代摆到参加工作，她还记得起她曾经送给我父亲一块手绢。以后她随丈夫支边去了，和我父亲就没有联系了，不想现在却偶然重逢，自是格外感慨。我当时背了一个书包去，张阿姨看到书包带子要断了，马上用缝纫机给我缝上了。

我父亲在达县还带我去拜访了一个人，那就是达县地委委员、地区轻工业局局长兼达县地区罐头厂厂长、党委书记李作乾。李作乾也是大竹周家高滩的人，我们是老乡，他与我父亲关系很好，而且与我母亲也有亲戚关系，他曾经拜寄给我外婆作干儿子，因此与我母亲是干姐弟。据我父亲说，李作乾工作积极，很受领导赏识。我父母比较中庸，在土地改革等许多政治运动当中都是老好人，而李作乾人年轻些，所以敢想敢干，胆子很大，工作很有成效，受到大竹县委书记李香山的青睐，李香山到达县地委任书记就把李作乾调到达县地区任卫生局副局长，以后又把他调到地区罐头厂做一把手。我表姑袁名碧就是李作乾招进厂的，但是袁名碧认为李作乾不认人，也就是不讲私人关系。

过了两天，毕业分配方案公布了，我回到大竹。纪竹、张恒留在地区二医院，董劲到达县地区钢铁厂，张茂清到达县地委党校，邓赵玲到地区人民医院，张安茂留校，其他绝大多数同学都是哪里来哪里去，也就是还要面临第二次分配。

回到大竹，罗隆滨直接就到了大竹县人民法院做法医，我和其他同学分在卫生局待命。和我一起到卫生局的有达县卫校、达县中医校的几十个毕业生，都在那里等分配。但是卫生局说这批人都不忙分配，要先执行一个特殊任务再分配。那么这是个什么任务呢？原来是要大范围大面积的医治头癣病，这个任务是中央的战略部署。后来我们才知道是李先念回了一趟湖北老家，发现老区还有很多人患了此病没有得到医治，李先念很伤感，回到北京后召开了一个全国性的卫生工作会，宣布要在全国根治头癣病。卫生局常务副局长江山霖。对我印象很好，江山霖是个老革命，抗战时期在大竹中学入的党，以后是华蓥山游击队的战士，和大竹三杰徐相应、徐永培、陈尧楷是最好的战友。1949年大竹三杰牺牲了，江三霖转移到渠县卷洞门山上靠当炭工做掩护。中华人民共和国成立后江山霖先作大竹新华书店的经理，后作大竹县人民医院的院长，"文化大革命"时期被打倒，现在刚落实政策。

（5）

江山霖很欣赏我，对我说了一句在当时来说很时髦的话——"实践是检验真理的唯一标准"，这一下我更放心了。于是我欢欢喜喜地到了大竹四合乡去参加治疗头癣病的大会战，与我一同去的有中医校毕业的王克非、杨明两位同志，还有一个女同志是大竹防疫站的余竹菲，才十七八岁，刚参加工作。余竹菲还是争上的同学简晓春的表妹，但当时似乎没谈起，后来才知道。王克非的父亲是大竹三中的教导主任，他妈妈原来是卫生局的人事干事，参加过朝鲜战争，负过伤，只有一只胳膊，但人很能干，能说会写。而杨明的父母则是大竹团坝中心校的老师，总之，我们几个人的家庭情况都差不多，大家就比较投缘，吃饭在乡政府食堂，也省了很多事。我们的工作就是每天把医治头癣的药，一种用中药熬治的软膏送到患者手上。

带队的有两个人，一个是防疫站的副站长吴季安，一个是防疫站的医生袁家勤。吴季安是"文化大革命"前的重庆医学院毕业生，很有点实力，对人也谦和，他不仅给我们讲课，还要给病人洗头搽药，而在这之前还要给患者剃头，刚开始的时候我们觉得很脏，就不敢干这些，吴站长就亲自示范，并教育我们要有一颗爱心，不要歧视病人，更不能喊他们"癞子"，我们才有些改变。杨明表现得最好，吴站长所做的他都做了，而且表情很坦然，很愉快。袁家勤跟我是老乡，是大竹周家高峰村的人，是我妈妈的学生，我哥哥的同学，也是我达县卫校的校友，比我高几个年级，是工农兵学员，他对病人就很有感情，跟吴站长一样为患者洗头搽药，有的病人很严重甚至有脓疮，我们看到就很怕，不敢为他们洗搽，但袁家勤却徒手为他们做了，连手套都没戴。记得刚开始的时候，我们几个学生还吐了，余竹菲到我们离开也不敢给病人做这些，而只是送药，因她是女孩，吴站长和袁家勤也没有过多批评她。

（6）

四合和张家、杨通、石子、双河、吉星都属大竹的一个区，也就是石子区，这里就是大竹三杰徐相应、徐永培、陈尧楷战斗过的地方，属于华蓥山游击队一个系统。1947年重庆川东地下党组织派邓照明前来发动起义，他们三人是游击队的骨干分子，也是重要的领导人，而他们三人又都是我的老师邵启群和我的领导江山霖的好朋友好同志，过去我就听邵老师摆过他们的英雄故事，现在听四合的群众摆得更具体了。二徐是叔侄，都是大地主出身，在重庆陶行知办的育才学校加入共产党，以后回到家乡变卖家产支援革命，并建立游击队。徐相应是个文弱书生，会唱歌，会拉手风琴，他的家在杨通的大庙寨，他和族人办了一个徐氏光杨小学，在抗日战争时期就很出名，他的老师贺方木、莫定都是延安派来的，那时他们唱的全部是抗日歌曲，什么《我的家在东北松花江上》《延安颂》《到敌人后方去》《黄河大合唱》等等，贺方木新中国成立后作过西南民族学院副院长。

　　1949年罗广文清剿华蓥山，游击队被打散，很多人牺牲了，很多人撤退了，徐相应隐蔽在杨通大庙寨家里，敌人去搜捕他，他躲在一个洞里三天三晚。敌人恼羞成怒抓了他全家，他的奶妈受刑不过把他供了出来。徐相应被捕后坚贞不屈，没有吐露半点对革命不利的事，于是敌人就叫他到军营中去教战士唱歌，发挥他的特长，可是徐相应全部教唱的都是革命歌曲，临近解放的时候敌人把他和徐永培一起枪杀在大竹四方井。我听了这些故事很感动，就想亲自去看看徐相应他们战斗的地方，于是我利用一个星期天走路到了杨通大庙寨，但物是人非，依稀闻到当年的歌声和大竹三杰的音容笑貌，我百感交集，浮想联翩，几年后我创作了电视连续剧《泪洒扬子江》，里面就取了这里的很多素材。

第七章　大竹城头

作者兄妹四人与父亲

（1）

治疗头癣病的战斗结束了，我被分在了大竹县卫生局爱卫会办公室，单位给我安排了一间房子，这在当时来说是很不容易的。我们办公室一共三个人，陈主任、老周和我，陈主任五十来岁，原来是防疫站的医生，因他工作积极，很受领导的重用，刚入党就调来当主任了，他老婆是县医院的护士，有四个儿子，大儿和我一样都是恢复高考参加工作的，所以陈主任一家对我也有好感。老周四十岁左右，是我们达县卫校的校友，"文化大革命"前入校的，也有些水平，字写得好，会刻蜡纸和油印，那时没有电脑，没有打字机，我们写好文章要发出去就必须刻蜡纸和油印，所以很麻烦，这些工作一般也由老周来完成。老周也教过我，但我的字太差，还受到过领导的批评，老周油印一张蜡纸要印一两百张，而我只能油印四五十张就不能用了，领导也不怎么喜欢。为这些事情我刚参加工作的时候感到有点压抑，但是不久一件小事使我的形象大为改观。

那是80年代初，全国都还在时兴政治学习，每天晚上单位都要组织学文件或读报纸，有时四五万字，一般都念不下来，或者水平很低，或者中气不足，往往要换几个人才念得下来，而在念的过程中，有的人缺乏文字修养经常念错别字，所以进行得很不流畅，包括老周在内的十几二十个人都不怎么胜任，比我先到卫生局几年的哥们都很怕这个差事。那天人事干部兼办公室主任苗龙云安排我读报纸，又是几个整版，我非常流畅、非常完美地读完了，不仅没出一点差错，而且抑扬顿挫，声音洪亮，中间没喝一口水，没换一个人，我念完了大家沉默了几秒钟，然后就是一阵热烈的掌声。在此之前有的人在私下传我是谁谁谁的亲戚，包括苗龙云都不看好我，原因是他看我的档案时发现我的字不好，而且毕业总结写得不规范，不是当时需要的八股文，而是一首五言诗，关于这首诗我还给王以汉看过，他也没说什么，加之很多人都不懂诗，所以苗龙云为我的分配问题还与江山霖起过冲突，最后江山霖生气了，拂袖而去，苗龙云见事情闹大才勉强同意我留在局里。但是经过读报这个事情，我的形象一下子让人刮目相看了，苗龙云也对我客气起来。里面还有几个跟陈主任资格差不多的老同志，比如黎培熙、刘吉宗、李忠禄这些都比较看好我了，从此之后我开始在大竹县卫生局站稳脚跟。

我与卫生局长刘明贵是邻居，屋子前面是个幼儿园，叫大竹县文教局幼儿园，在当时来说是比较牛的，可以说是全县最好的幼儿园，那时我周家的老乡也是校友的魏善清同学就在那里教书，我每天过上过下看到那里的小孩天真烂漫的样子我也很开心，而那里的老师个个都是靓女，看到也很养眼。离开了家，离开了父母，又参加了工作，一切都要自己努力才行。我就利用星期天自己洗衣服，自己收拾屋子，把家里弄得很整洁，我晾的衣服也跟其他男同志不一样，总之很讲究，这一点有点像我母亲，所以刘局长和他夫人胡一翠看了就觉得很可以，说我生活能力很强，跟一般的男孩子不一样。

我的工作除了写写计划总结和经验文章以外，就是下到各单位各区乡去检查爱国卫生，比如哪条街道，哪个食店，甚至哪个公厕我们都要检查，当然不是我一个人，而是和防疫站，以及区乡医院，包括部门、街道的负责同志一起，工作并不辛苦，就是走走看看，提提意见，对做得好的加以表扬，门上贴个"清洁"，对不好的贴个"不清洁"，但"不清洁"一般不用，我们有些年轻同志初生牛犊不怕虎，看到不清洁的就实事求是地贴了"不清洁"，结果惹来麻烦，领导就批评我们要注意工作方法，要以正面教育为主。当然这个工作在一些人中也有一些轻视，不如卫生局的其他办公室那么吃香，为此老周常说怪话，说我们不逗人待见，是后娘生的，所以他就不常下去，陈主任还说过他，而下去检查就主要是我了。陈主任好像对这些毫不在意，并且非常认真非常负责，经常带我一起下去检查工作，因此县委领导很喜欢他。

（2）

　　刚分到卫生局三个多月，我就被领导安排到外地出差，参加地区卫生局、地区爱卫会组织的爱国卫生大检查，我和县医院检验科的李竹萍一路。李竹萍是我的老师李牧的女儿，她比我低一个年级，读的重庆药剂校，因为都是考进去的，就很谈得来。我们一路到了达县地区防疫站和地区的同志汇合，被分在通江、南江、巴中、平昌这个组，这次是我走得比较远的一次，以前只到过达县和南充，这次是到老区，心情格外不一样。看到那里的山那里的水，仿佛有一种别样的感觉，尤其是知道了红四方面军战斗的历史，更是生出一种亲切的味道。我在南江去看了郭建跃同学和张新华同学，郭建跃在南江县卫生局工作，我们都在局机关，自然都很高兴。听说江山霖局长的大女也在南江县卫生局工作，我就去拜访了她，并感谢她父亲对我的帮助。走的时候，郭建跃把我送出好远好远。张新华在长赤区卫生院搞防疫，就是我们这次检查的对象，为了迎接我们的检查他特地下到村上去准备去了，我等了他半天都没回来，只有遗憾而去，直到40年后我们达县卫校79级医士一班搞同学会彼此才重逢握手，自然又是一番感慨。

　　走到平昌我去拜访了冷晓籁大哥，他那时刚入党，正准备提平昌师范校的教导主任，但他似乎又不怎么在意这个职位，而是一门心思想考研究生，我看他屋子不大，到处摆满了各种书籍，那时我还不知道经史子集这个说法，总之感觉书很多，桌子上、床上、凳子上到处都是，我仿佛走进了一个图书馆。

那时发建姐还没调去，他一个人带着儿子冷放，又要上课，又要复习，又要带孩子，真的很不容易。当天晚上我就住他那里，兄弟之间摆了很多龙门阵，他特别对我说要搞学问就要有真本事，那些老专家老教授最重才，而很反感拉拉扯扯这一套，对我触动很大。第二天早上起来，就碰到一个学校的领导对他说"胡风平反了，刚收到的文件"，冷哥当时就很兴奋，我看得出来他很有正义感，很为"文化大革命"中被打倒被冤屈的同志鸣不平，这一点刚好我两个有共鸣，也算是知音吧。吃了早饭，他就带我去转了平昌县新华书店，帮我选了一些书，其中有一套王力主编的《古代汉语》刚刚再版，我把它买下了，一共四册，现在将近四十年了，我一直把它带在身边，它随我走遍千山万水，也历经风雨秋霜，其中很多知识对我产生了很大的作用，我永志不忘。

检查结束后，我回到单位继续我周而复始的工作，期间我走遍了县城的每一个角落，每一个地方，对那里的一砖一瓦，一草一木我都熟悉了，我的父亲母亲大哥三弟都只是在县城的中学读过书，而我是在这里工作，我将永远与这里相拥而眠，所以我是快乐的，我是自豪的。防疫站的袁家勤还用自行车驮着我在城郊的一些地方去玩过，比如我们去吃过东柳醪糟，也到城北的某个村去相信过迷信，就是用占卜的方式算命。我至今记得是用一个竹筛子，里面装上麦面，插上一根竹棍，让他随意写字，写出什么内容就是你要的结果，而袁家勤占卜的文字似乎比我好一点，我有些沮丧，但一会儿就没事了，因我毕竟是有科学知识的人，不会被这些东西迷失方向。后来我又自己转了一些地方，比如白塔，比如东湖公园。那时东湖公园还在修，它是依托一个天然的水库修建而成的，这个水库就是乌木水库，比我的家乡同心水库要大很多，湖面很开阔，一望无际，很是缥缈，多年后我与我的家人游玩后，我写了一首词：

诉衷情　大竹东湖公园

凤山万里受封侯，光影冠达州。东湖烟水空阔，画舫载轻裘。　　波影里，绘清秋，泛中流。弦歌犹在，燕子声声，啼破梁州。

（3）

第二年，我作为县委工作队的一员被派到大竹石桥区永胜乡柑子村。我和县工商局的邓渝达住在一户农民家里，房东姓徐，两夫妇，六十多岁了，是个军属，儿子好像还是个年轻军官，媳妇在大竹城里工厂工作。我和邓渝达自己做饭，和徐伯伯徐伯娘相处得很好，我那时经常为他们挑水，菜是他们家的，村上也跟我们送一些。白天我们下村去看看，了解一些情况，或者帮助调解一些农民的纠纷，下雨天则帮助防洪抗汛，总之，我们不参加具体的生产劳动，就是讲政策，讲怎么脱贫致富，那时刚刚包产到户，联产承包。晚上则很枯燥，因为没有电视，就只有看书，我把《古代汉语》认真地看了一遍，特别是一些诗词我认真的地读了一遍，记得不少，直到今天我也能背诵其中的大部分。这期间我开始酝酿写一部长篇小说，题目叫《杜鹃啼血》，我把这个计划告诉了姐夫冷晓籁姐哥，他很快就回信给予了热情洋溢的鼓励。这部小说以后发表的时候是一个中篇，而题目则定名为《黄城寨下》，是一部新乡土小说，是以我的家乡黄城寨为背景，通过写我的家族我的亲人，反映新旧两个社会的时代变迁，下面我摘录一段文章的开头，或许可以让读者了解它的一些缩影：

外婆家虽然衰落了，但还有一座大大的庄院，一座标准的青灰色的四合大院。尽管它的主人已经时过境迁，换了别人，我外婆一家也被赶到了厢房，局促在三间低矮破旧的瓦房里，而现在的主人正是她家从前的长工；长工一家高踞上首，占据了大半个庄院，那夺人的气势是可想而知了，但我还是能够从人们的眼色中辨别出来，他们对于过去的眷念和回顾，习惯上总要说成是红岩山前打鼓山下黄家，而不说是黎家。少年时代的我就曾在我外婆的仓房、马棚里，到处跳来跳去，甚或对着那些斑斑陈迹去追寻往日的岁月，而黎家的人似乎也毫不以为忤逆了他们，总是那么高兴那么和蔼的样子。

黎家的老人叫黎石宝儿，脑壳前额上的确有一个大大的肉包，他那时就已经是七八十岁了，一年四季穿个长衣服，腰杆上捆一根草绳子，背着他的孙儿孙女放生产队的牛。他总是很乐意地坐下来和我摆一些从前的故事，常常就在如今已属于他的庄院，他的仓房，他的碾坊里讲述我的外婆、我的妈妈。黎爷爷说："你妈妈随便到哪里教书，都是我送她。"黎爷爷说得很平静，淡淡的，悠悠的，仿佛在述说一段历史，一段沧桑，一段《圣经》。

黎爷爷说，你外公叫黄显德嘛。小名叫樟寿，最翻了，壁子上都有个脚印。他屋里有钱嘛，他祖公叫黄大合，出了名的黄善人。黎爷爷说这个话的时候，我还有点不相信，再说我祖父，也没说过他是善人，我父亲母亲就更没说过他是善人了。

然而三十多年过后，我在大竹县委宣传部有幸偶尔翻县志，翻到人物志，翻到了黄善人的名字就是黄大合，而且就是大竹县仙门乡云尘里，红岩山前打鼓山下那个黄大合。由此我才相信黎爷爷的话是正确的，是有历史依据的。黎爷爷说，你外婆叫徐清兰嘛，徐家仁的女儿，徐家仁只有那么一个女儿，哪晓得你外公不成才。是的，我外婆的确是嫁给了一个吃喝嫖赌样样俱全的人物。我之所以这样说，完全没有半点亵渎我外祖父的意思，他把我外婆害得好惨啊！我外婆嫁过去之后才晓得，黄善人的泼天产业已被我外公糟蹋完了。

我外婆也是一个争气的人，有泪只往肚里流，从来不回娘家去诉苦。然而，当徐老太爷从他女儿凄迷的眼色中读懂了一切之后，毫不客气地把我外祖父喊起去训了一顿，然后当着徐黄两家所有的面子人物做出了一个决定，从徐家划拨三百石租谷永久给黄家的外孙男女们使用，但契约上写得明白，只有使用权，也就是说你黄显德休想卖掉这三百石租。从那以后，我外婆又开始了有说有笑，脸上也开始红润起来。不久，外祖父也就死了，我外婆靠着娘家那三百石租谷，拉扯着两儿两女平平静静地生活。

可是，这样的日子没有过去多久，一天，屋对面突然传来一阵震耳欲聋的鞭炮声。当那高亢的唢呐从山梁上一路吹过来之后，一副由十六个人抬的巨大沉重的黑漆棺材，就落在了我外婆家的右上角，一个据说是可以出王侯将相的风水宝地。几十年后，当我路过那里的时候，眼见周围的茂林修竹和它的庄严气象，还要忍不住提起脚板儿小跑一阵，一边跑一边留神那茅草笼笼里，是不是要跳出一个妖魔鬼怪来。

开头，我外婆还领着我大舅二舅，我妈妈，还有我那个刚刚出生的小姨，挤在围观的行列里。后来当我外婆弄清了发生了什么事之后，就立马叫黎石宝儿跑到徐家，报告了黄家即将要发生的事情。我外婆的大哥二哥三哥们，听说他们的妹妹家的风水宝地即将被侵占之时，风风火火地捞起洋枪洋炮飞跑而来。一场械斗眼看就要爆发，而且死者张家屋里也是气势汹汹，有名的双龙寨张。睡在黑漆棺材里的张文必，张老太爷，四十多岁才发迹，他只是与我外祖父的一次赌博中，极其偶然地得到了这块风水宝地。他万万没有想到，当他极其舒坦地睡在那里的时候，他的七儿八女们正在和徐黄两家的主仆们开始了短兵相接。

一阵紧张之后张家的人忽然奔跑回去，拿出了钢鞭材料，由我外祖父亲手画押的证据，这一下如同晴天霹雳震住了在场的所有的人。较之张家的彪悍，徐家当然更多的是书生之气，况且我外婆的大哥二哥三哥们，都是在成都的国立大学学过法律的，短暂的沉默之后，当然是徐家的人首先偃旗收兵。而我外婆则等不到她的哥哥们撤退，就一阵呼天抢地跑下山梁，对着我外祖父的坟头号啕大哭起来："黄显德啊，你这个不得好死的啊，你害得我们好惨啊！"

从那以后，我外婆又开始了少言寡语，除了把我母亲送到徐家，就是把她的大儿二儿好好地管住。而这时好像是那块风水宝地确实起了作用，镇住了黄家的龙脉，我外婆的小女儿，也就是我小姨在那以后就死了。从此以后，在那黑漆棺材沉重的压迫之下，黄家大院变得更阴沉，更死寂，更缺乏生气了。

我外婆怕我大舅学我外祖父的样子，早早地就跟他讨了一个老婆，这就是我的大舅母。而对于我二舅，则认为他还小，比我母亲还小些，还不太懂事，大概还不会出什么事情。我的外婆好天真啊，好疼爱他的小儿啊！

当她的大儿黄二瞎子去打国仗，实际上是跑到徐州当宪兵去了，她的二儿，那个叫黄罗汉儿的家伙，从我外婆的箱箱柜柜翻出了我外祖父的火药枪，抑或是洋枪洋炮也不知道，学着我外祖父的样子骑着高头大马，到处打家劫舍，杀人抢人，甚至连他丈老汉儿的家里也不放过。最后，据说还强奸了徐家的一个小姐，当然不是我外婆那一家，但据说血脉还挨得比较近。徐家的人当然很气愤，但碍于徐家仁的面子也不好怎么样。在怒气冲冲之下，那位小姐的父亲第一回顶撞了徐家仁，徐大老爷："大老爷，这就是你那外孙儿干的好事，你看着办吧！"

"天哪！这个不争气的东西呀！"我外婆听到这个消息几乎昏死过去，这个打击较之当年风水宝地的失落，更大更惨更丢人现眼。一阵伤心痛哭之后，我外婆牙一咬就去找她的侄儿徐文诗，四川大学数学系毕业生，曾当过高滩乡乡长，也曾经秘密加入过共产党，还是黄城支部的宣传委员。我外婆只有去找她的侄儿了，她的三个哥哥，一个弟弟，四个大学生，还有他们的妻妾们，都已经在百无聊赖中伴随着罂粟的芳香死去了。如今的徐家大院，除了那个埋人匠，我外婆的父亲，就剩下她的侄儿侄女们了。

我外婆说："徐文诗！找几个人把那个狗肏的送了！"徐文诗打着哈欠，颤抖着说："大姑，二瞎子不在哟，你只有罗汉儿一个儿啰？"徐文诗也刚刚抽了鸦片，而且他的老婆沈才德也在抽，抽得漂亮的脸蛋都失去了血色。我外婆说："徐文诗，你不把黄达金送了，你就不是我的侄儿！就是黄达道死在

95

外头了，我没有儿了，我当孤人了，我也不要黄达金这个祸落宝儿！"我外婆头也不回地走了。

把黄达金捆起送到乡上的时候，我父亲刚好在乡公所当主任干事，我父亲对我妈说："黄达金明天就要送了，你妈不来看一下呀？"我母亲说："我妈在屋头跟他烧纸，她会来看他？！"是的，当我二舅回过头来看红岩山下燃起缕缕青烟，我不知道我二舅流没流泪，我只知道被送的人大多在半道上，一个叫夹石烟沟的地方都被枪决了，以逃脱格毙论处，而公文就是我父亲亲自做的，当然他是奉命行事。据我父亲说黄达金不在枪毙之列，可能因为徐文诗的原因。

当然，我外婆是不希望再看到我二舅的，所以在我二舅送走的时候，我外婆要跟他烧纸，一边烧一边哭："黄达金啊，去找你的老汉儿哪，我没有你这个儿啦！"好多人去劝我外婆都劝不到，直到我大舅吐血而死我外婆哭大舅的时候，也忘不了哭她的二儿，哭她的黄罗汉儿…

我们几兄妹都是我外婆带大的，记忆之中我没看到我外婆哭过。1966年，当一场大的风暴即将席卷全国的时候，我外婆收拾起包包儿悄然离开了我们家。

她不走是不行了，当我奶姆垮上的李大婆、朱幺娘们在我们学校操场坝头低头认罪的时候，我外婆还在空空上过日子。当袁清和、袁世兵们被民兵连长打得哦儿哦声地叫唤的时候，我外婆就像抽筋一样躲在灶屋里煮饭洗衣，不是拿错了油罐，就是拿错了盐罐。每每这个时候我母亲就要生气，就要说："你怕啥子嘛？你这个老婆婆硬是，这哈儿又不是红岩村！"而我父亲总要唉声叹气。何况此时已经听说我的大姨，也就是我外婆家的大侄女徐大小姐，徐静修，在她当温江军分区司令员的大女婿家里也待不住了，和她那个在法国留过学的园艺工程师，或者叫地主资本家的丈夫一起，回到了他们应该去的地方。我外婆就这样走了，回红岩山去接受贫下中农的监督改造去了。

再见到我外婆的时候，我外婆牵着一条牛从屋背后正往家赶。我说："嘎嘎，您放牛哇？"外婆笑了，她说："跃先，你还没放假吗，哥哥他们呢？还有争上爱平呢？"我简单地做了回答就和外婆一起把牛赶回家去。也许我见到外婆很高兴，也许是一时顽皮，我用树条子狠狠地抽了大水牛几下，大水牛受了惊吓，咚的一声从岩坎上摔了下去，摔到了外婆仓房门前很逼窄很逼窄的一个阴沟里头，那大水牛就卡在里面挣扎了几下就再也爬不起来了。我当时还很好笑，站在陡峭的石梯上看那头牛呜呜地叫唤，而我外婆脸都吓白了，她也不叫我也不说，可能已经忘记说了什么，只是一个劲地佝偻着身子去吆喝那牛起来，不知过了多久，我的正在犁田的大表哥赶回来了，好几个大劳力使了好大的劲儿，才把大水牛牵了起来，然而它已经站不起来了。

那以后我外婆的眼睛就瞎了，双目失明了，农村上叫青光眼，又叫睁眼瞎，什么事情都不能做了，当然也不能参加批判斗争会了。然而那些造反派还是不放过她，该她缴的一切钱粮该她担负的一切劳务，则一点不少地摊了下来，当然这个时候就只能由我的舅母和两个表哥帮她承担了。尽管我们家时不时地也要接济一下舅母表哥他们，但繁重的劳役已经使他们非常地厌恶了。也许是为此而得罪了造反派们，那个叫何天棒的造反司令，就在一天大摇大摆地背起枪儿去收钱收粮去了，而我的舅母和两个表哥们都出工去了，塆上一个人也没有。

那个何天棒训了我外婆一顿之后，就要去抱床上的棉絮，我外婆流着泪说："你把我棉絮都抱了我盖啥子？"何天棒叼着烟卷，喷着酒气大骂道："你这个地主分子还不老实！"说完用力一扯就把那棉絮抱起走了。我外婆想去抓那棉絮却抓到了满把锋利的竹篾，那是我二表哥拿来打席子的，墙上到处都挂满了，我外婆两个手被抓出了鲜血。然而，庆幸的是我外婆没有被感染，当然也没得什么破伤风，只是从那以后，我外婆就只能成天睡在床上了，再也起不来了，再也看不见阳光了，再也看不见她从前的庄院，再也看不见她所有亲人的笑声了。

以上这些只是我小说的一个开头，还不到整个小说的十分之一，但是往昔岁月，人间哀怨已经隐隐地透露给你了，而小说最精彩最感人的画面还在后面。我的父亲作为小说的主人公贯穿始终，从20世纪40年代一直写到60年代初，既是一部家族的苦难史，又是一部真实可信的地方史，而其风格则有些像金宇澄的《繁花》，笔墨散淡，风格自然。

我在农村工作队住的地方也是我的老师邵启群的家乡，这附近有个落铃滩，风急浪高，很是危险，我也一个人去看过。那天我到安吉街上去了转来，走到落铃滩，正逢下暴雨，瞬间周围一片泽国，我站在路边一户农家屋檐下躲了一两个小时的雨，那时不知道惧怕，反而觉得很好耍，那是六七月的天气，衣服湿了也没关系，加上才二十多岁，所以就无所谓。石桥区公所在军阀孟浩然的公馆里，修得很漂亮，是整个石桥区最好的房子，我们工作队常在那里开会，站在高高的走廊上，远望千山万水，不由人不心潮澎湃。孟浩然是大竹最大的军阀，也是四川大军阀之一的范绍增范哈儿的师长，但在抗战时期也立过功。孟公馆的后面就是石桥区医院，我的表姐刘长莉就在那里当护士，她那时正与甯豪平谈恋爱，她也请我吃过饭，还请我看了一场电影，我家里珍藏的邓拓的《燕山夜话》就是她送给我的。到这年底，我们在农村工作队已经将近一年了，就要结束返回单位了，这时我的好同学好朋友徐刚给我来信，叫我到大竹城南卫生院去一趟，原来他给我介绍了一个女朋友，此人姓杜，名小云，也是我们达县卫校的同学，父母在大竹中学教书。徐刚毕业后分在中医院，现在城南农村工作队，所以他们认识。我接到信后就到城南医院去了，与杜小云见面后觉得她比较文静内向，两人的关系就确定了下来，第二年我们就结婚了。

第八章 白沙航天

三弟与潮侄

（1）

白沙航天这个词可能一般人不理解，白沙就是达县地区白沙工农区，航天就是航天工业城，位于中国四川省东北部边缘，万源、城口（现属重庆）两县之间。地处大巴山南麓。1933年，徐向前、李先念、许世友等率领红四方面军在这里进行了艰苦的斗争。1978年设立工农示范区，属达县地区。境内的长征机械厂是隶属于航天工业部的大型企业，万福钢铁厂是创建于1939年的老企业，经过多次扩建改造，已发展成为包括钢铁、水泥、机修、铸造的综合性企业。建区前后，通过全面规划，逐步建起了市政和生产、生活设施、商业网点，新办了完全中学、初级中学、技工学校、职工高中和医院，城区建成了电影院、电视差转台、电视卫星地面接收站、体育场、游泳池等文化体育设施。襄渝铁路的万（源）白（沙）支线横贯全区，一座新城在大巴山拔地而起，当时这里属于一个准省级单位。

　　我弟弟胡争上从南充师范学院政治系毕业后就分在了这里的军工厂，那时叫062国防军工厂，我弟弟分在宣传处做理论教员。经过一段时间的熟悉，争上发现这里的环境非常好，不仅有美誉度，而且山清水秀。他的分厂都建在大山里，到处都有军人站岗，如果不经批准是不能参观的。争上用一首唐诗道出了它的神秘——"松下问童子，言师采药去。只在此山中，云深不知处。"宣传处也有很多图书资料，除了文学名著，还有如《赫鲁晓夫回忆录》《布热津斯基回忆录》《激流的昭和史》《朝鲜劳动党党史》《卡斯特罗传》等大量内部书籍，我弟弟欣喜若狂，仿佛发现了一座宝藏，为了更多的了解这些知识，他一度配了图书室的钥匙。国际政要在书中叙述的与中国革命相关的文字，最能抓住他的神经，满足了他对政治与历史的探究与好奇，争上确信没有什么比国际政治更波诡云谲的了，于是他暂时放弃了对文学的痴迷，而转入对国际政治的研究。当时正是中国思想界最活跃的时期，大家辩论啊，讨论啊，用他后来的话说他简直怀疑他会成为一个民族主义者，而为我们的历史辩护，尽管有时他的眼里含着泪水。

　　万源白沙也是我幺叔胡静善蒙难的地方，所以我父亲送争上去报到的时候，回忆起那段历史还忍不住凄然泪下，关于我幺叔的故事我后来也写进了我的小说《黄城寨下》：

就在我三岁那年，我的弟弟胡争上出世了，我幺叔也已初中毕业。他从文星中学毕业之后就来到了高峰村，来看我和我弟弟。我的母亲买了一顶帽子送给我幺叔，我幺叔戴着那顶帽子就欢天喜地回到了黄城寨下。

我祖母说："胡尽善儿，你好久买一个帽儿？"我幺叔说："是嫂跟我买的。"我幺叔说完就捞起锄头上坡去了。那是一个下午，天上下着蒙蒙细雨，我幺叔和胡秀杰、胡秀超走到对面坡上点麦子，还有胡豆。点完之后，我幺叔就把装胡豆儿的篮篮儿提回来了。我幺叔的确是饿了，他很想把那胡豆儿煮起来吃，我幺叔已经是十八九岁的大小伙子了。我幺叔就哼着歌儿，抱来柴火，开始生火了。

忽然，胡秀杰他们正带着人悄悄地包围了村子，正一步一步地向我们家搜索前进。就在我幺叔掺好水，正准备把那些胡豆儿煮好充饥的时候，胡秀杰已经从后门闯了进来，胡秀杰就从我家的仓房里把胡豆儿搜了出来。

我幺叔目瞪口呆了，我幺叔站在屋子里好久好久说不出话来，全垮的人都在等待着这一天。我的幺叔成了强盗，成了小偷，成了一个盗窃集体粮食的十恶不赦的坏蛋。一个中学生，一个伪保长的儿子，一个伪文书的弟弟，竟会是一个小偷，人们摇头叹息而去。我的幺叔就在人们离开那一刹那，忽然蹲在地下，呜呜地哭了起来。我的祖父铁青着脸，我的祖母也好久好久说不出话来。

就在我祖父祖母无颜面对乡亲，无颜面对现实的时候，我的父亲回来了。我的父亲是回来报喜的，因为我的父亲已经由双龙小学调到高峰小学了。我的父亲和母亲就要团聚了，将近十年的牛郎织女就要在银河相会了。我父亲好高兴啊，我父亲还在竹林头，就高声地喊着我祖母开门，我父亲的喊声惊起了数只白鹤，那数只白鹤在竹林间奔腾跳跃了一阵，就向黄城寨上飞去了。

我祖母艰难地打开了后门，我父亲看见我祖母脸上的泪痕，看见我祖父一脸冰霜的样子，再看见我幺叔蒙着头，呜呜大哭的样子，我父亲什么都明白了。我父亲大怒了，我父亲对我幺叔说："你给老子滚！你给老子爬！东西是我的，房子是我的，铺盖罩子都是我的！……"我幺叔说："哥哥……"我幺叔就站起来跑了。我祖母追到竹林头去喊："胡尽善……胡尽善啊……"我幺叔已经跑到堰塘边了，已经跑到大新房子了，翻过大新房子那个高坡，我幺叔就离开黄城寨了。从此以后，我幺叔就再也没有回来了啊！

我父亲骂了我幺叔之后，就到高峰小学去了。直到一周之后，我父亲又回到黄城寨下胡家垮，我幺叔还是没有回来。直到此时，我父亲才感到可能做错了一件天大的错事。我父亲就拿一把油纸伞，一家一家地去问。问我四姑，四姑说没来，问我三姑，三姑说没来，问我大姑二姑，也都说没有去。我父亲慌了，我父亲就跑到渠县去问我发秀姐姐，发秀姐姐说："二叔借了我20块钱，还有粮票，到万源去了。"

我父亲就拿着那把油纸伞，一直追到万源钢铁厂。问遍了所有的人，都说没有看到胡尽善。我父亲就在万源山上川陕交界处，一个鸡毛店住了一晚上，我父亲就转来了。我父亲要走的时候大哭了一场："胡尽善啊，你回来呀，哥哥不对呀……妈等你回来呀！胡尽善啊，你回来呀，爹等你回来呀！胡尽善啊，你在哪里呀？胡尽善，你在哪里？你在哪里？……"

以上这段文字就是《黄城寨下》的结尾，从中你可看到那个年代人们的生存状况，没有戏说，没有胡编乱造，虽是文学却也是历史，不是经典，却也能让后来人一声感叹。

（2）

争上在白沙航天城也有两次历险，一次是他正吹着口琴从河边过，下面是湍急的河流，周围是起伏的群山，山上是葱茏的树木，山下是高大的楼房和电视卫星接收站，一列火车正钻入隧道。争上看到这样的风景真是美极了，这时有个老奶奶背着一捆柴正从桥上过，他觉得这样的画面好像罗中立的油画《父亲》，他想要是自己能画画有多好啊，他可以把老奶奶画下来，题目就叫《母亲》。他正想着前面突然有个缺口，有几米宽，下面就是奔腾的河水，争上差点一脚踏空，那一刻他屏住了呼吸。还有一次，是他和宣传处的同志一起到大巴山南麓的八台山去玩，八台山与万县地区的城口交界，群山莽莽，高可接天，几百里林海茫茫。早在20世纪20年代就是万源的地下党人李家俊战斗的地方，30年代徐向前、李先念、许世友领导的红四方面军也在这里战斗过，这里的山山水水，一草一木，都留下了红军的踪迹。争上在这里兴奋得很，那天处里要了一台车，其他同志下车之后就是拍照啊，合影啊，争上也拍照，也合影，但他更多的是在这山里唱歌跳舞，而且边走边唱，激情澎湃地载歌载舞。突然走到一个山崖，下面是万丈深渊，争上又差一点一脚踏空，掉入山谷，幸好他们处的王处长一直跟在他后面，一把将他拉住才幸免于难，争上后来回忆起还心有余悸。

所以，争上说他往往是幼稚可笑的，但又不尽然，他的散文集《开朗与腼腆》出版后，评论家说他"善于从每一天的日子中，从每一次出行、交往中，从对天际的云霞和墙边的小草的凝视中，从对往事的追忆和对他人的理解中，都能获得新的发现，获得新的感动"。在他寝室的墙上一直挂着两张图，一张是中国地图，一张是世界地图，他没事就凝望着它们，想象着千里万里之外的全中国全世界，他不是单纯的记他们的一些特点，或者城市山川，而是想象着那里的人们，那里的生活，为此他特别关注中央电视台的《新闻联播》，可以说每天晚上都不间断。回到我们那个大家庭也是这样，我的儿子和我大哥的儿子出生以后，他也要与他们争电视，为了看《新闻联播》，他中断了两个侄儿正在看的《舒克和贝塔》，可以说到了不近人情的地步。在他的家里还有一张图，也一直伴随着他，那就是《中国历史纪年表》，那上面有历朝历代的世系图和大事记，争上对他们了如指掌，不仅如此，他也读了不少历朝的后妃传。我的前连襟杨可夫有一次到他的寝室，看到他墙上琳琅满目的挂图，就仿佛进入到了一个迷宫，而对争上的精神追求则不由得不大加赞叹。

当然争上对两个侄儿也是疼爱的，每逢节假日回来都要和他们玩。我的大侄儿叫胡彦殊，是我父亲取的名字，我父亲还专门题了一首诗为这个名字作注解——"文采之谓彦，特别方为殊。二者皆努力，堪称大丈夫"。我的儿子叫胡为希，也是我父亲取的名字，也有一首诗作注解——"人生贵有为，所行必在希。将相本无种，奇货自可居"。这既反映了我父亲对两个孙子的希望，同时也是我们全家人的期待。而在这个方面，争上表现得尤为突出。从小就要求两个侄儿长大要学谁谁谁，争上带他们玩，教他们爬竹竿，希望他们从小有一个强健的体魄。教他们背唐诗和儿歌，还教他们学跳舞，总之，恨不得两个侄儿都成为全才。他的《开朗与腼腆》出版后，他要两个侄儿谈读后感，写读书笔记，又要两个孩子长大后成为作家，俗话说"可怜天下父母心"，在争上身上体现的是"可怜天下叔父心"。而在生活方面，争上对他们更是无微不至的关怀，两个侄儿都喜欢吃火锅，他尽量满足他们。争上在《四川日报》的时候，彦殊是四川大学的研究生，每到周末，三叔都要请他吃火锅，而我的儿子为希读大学的时候，争上是每个学期给予500块钱的奖励。对两个侄儿的婚姻他也是关怀备至，而对我们家的第四代，也就是彦殊的女儿胡祉晗，他也是视如宝贝，他在北京工作，每年都要为小侄孙女买好吃的好穿的，他总想把小孩子打扮得漂漂亮亮的。

（3）

我结婚后半年，我们卫生局就修了新楼房，我分了一套两室一厅的新居，后来儿子也出生了，我们很高兴。为希刚满一个月的时候，我们为他抓周，准备了图书、宝剑、砚台、算盘、花草，结果他抓了一本图书，大家都很高兴，认为他将来必定子承父业，是个读书的料。我每天下班回来就是逗他玩，那时我的表妹建琼在我们家带孩子，也很尽心。不久我又出差了，这次是同宣传部的文化干事廖显烈一起到通南巴去考察精神文明建设。廖显烈四十岁左右，是"文化大革命"前的老高中生，为人比较稳重，他带队，对我帮助不少。当时县委宣传部想在庙坝乡中桔村搞一个示范点，就是学习人家的先进经验，搞成"五讲四美"的典型。所以我们也带了一些村组干部一起去看。廖显烈知道我在搞业余创作，就带我去达县地区文化局创办的大型文艺刊物《巴山文艺》去拜访那里的老师，和田雁宁见了个面。那时，我比较任性，觉得这些当地的名人也没好神秘，简单摆了几句我们就离开了。在去通江的路上，我听地委宣传部的同志在摆，说是四川电视台的《红叶铺满的小路》正在开拍，当时心里头有点触动。

通江县城不大，好像也没有几条街，我的好同学好朋友罗隆滨的夫人就在那里的县医院工作，当时刚生孩子，罗隆滨托我送过信给她。我在通江参观了列宁公园，那还是张国焘、徐向前当年修的，面积不大，但很有历史沧桑感，当年红军女将领张琴秋带领大家训练的演兵场还在。我在县城外面还看到了在全国都很著名的红军崖，那上面"赤化全川"四个红色镌刻大字仍然熠熠生辉，而那副享誉中外的石刻对联"斧头劈开新世界，镰刀割断旧乾坤"也仍然绽放出夺目的光彩。那时通江正在筹办红军入川50周年纪念活动，听说很多老将军、老领导要回来故地重游，通江上下一片繁忙。我在通江乡下还参观了一个毛主席纪念塔，那是一个村子为纪念毛主席而修的一个塔，说明那里的村民对毛主席有多么深的感情，我们大家围塔绕了几周，心里也受到一次洗礼。没想到我的这次通江之行在我三十多年后还有另外的感应，我的儿子胡为希作为四川党建期刊集团精准扶贫工作队的一员也到了通江，这真是一个巧合。

回到大竹刚刚汇报完通江之行的收获，我又遇到了一件好事，那就是我被任命为大竹县卫生局机关团支部书记。关于这个还有一个小的插曲，我们原来的人事干事兼办公室主任苗龙云调到防疫站当书记去了，新任人事干事兼办公室主任廖庭宽对我很好，我结婚、分房子，他都对我有所关照。记得我申请结婚的时候还有一种声音，认为我还年轻，应该以工作为重，不予签字，廖庭宽为我据理力争，说"现在婚姻法都改了，不提倡晚婚了"。那时全国上下都在落实政策，所谓的"地主富农反革命坏分子右派分子叛徒特务走资派臭老九"九类人都要重新甄别，恢复名誉，落实政策，卫生系统特别多，我天天在机关里看到他们为自己奔走呼吁就心怀同情，有一个叫裴韵文的老太太是个护士，中华人民共和国成立前和刘伯承、罗瑞卿、任伯戈一起工作过，应该说是我党的老同志，但在当时也还在为落实政策而奔走，我对他们非常同情，甚至很敬重他们。

（4）

我担任团支部书记不久的一个五四青年节，我便带领大家到重庆参观学习。对于重庆，我早就向往，以前只是在书中、在报纸上、在人们的传说中知道它的繁华和美丽，而今我要亲自踏上这片土地，我还是有些激动。我们这个支部大约十多个团员，主要是卫生局和防疫站的同志，大多数都没去过重庆，对于重庆的了解也很少，所以，我既是领队，又是导游。我们先参观了朝天门码头，站在两江汇合的地方，我们所有的人都很激动，这是我们平生看到的最大最宽广的河流，波涛汹涌，江风浩荡，轮船在江上自由航行，汽笛声声。我由此想到千百年来人们就是从这里出川，出三峡，奔长江，一路向东，向全中国，向全世界挺进。李白有两首诗说得很好，其一"峨眉山月半轮秋，影入平羌江水流。夜发清溪向三峡，思君不见下渝州"这里的渝州就是重庆。其二"朝辞白帝彩云间，千里江陵一日还。两岸猿声啼不住，轻舟已过万重山"两首诗都提到川江，提到仗剑孤行的人们，今天时代变了，人们的心情也与古人不可同日而语。

接下来我们参观了南泉北泉，南泉在郊外，风景非常美丽，那里有民国时期很多达官贵人的公馆，比如戴笠的，孔祥熙的，戴笠公馆还有地下防空洞，我们还看了建文皇帝隐居的地方。传说建文皇帝战败之后被他的四叔永乐皇帝朱棣追到重庆就不知所踪了，原来就在南泉这个地方，以后建文皇帝朱允文从这里出发到了南洋。南泉还有仙女洞，是郭沫若题写的对联。北泉在北碚，红墙绿瓦，树影婆娑，我们在那里泡了温泉，感到非常惬意非常舒适。关于南泉北泉，我在几年以后，分别写了诗题赞他们：

其一　重庆南泉

南泉人说有仙女，我自逍遥步暗苔。
岁月洞中谁可识，夜深啼泪响惊雷。

其二　重庆北泉

白帆点点锁江关，绿树红墙水意潺。
洗尽人间多少怨，梅花朵朵哭千山。

我们在重庆还参观了革命传统教育基地，渣滓洞、白公馆以及杨虎城父子蒙难的地方戴公祠，对于江姐、罗广斌等人的革命事迹有了直观的感受，特别是我对小萝卜头的遭遇非常感慨，在那样的环境当中，他还坚持学习，坚持读各种书籍，学习文化，为其他政治犯传递消息……其他的团员同志也深为感动，都受到一次精神的洗礼。我们住的地方在重庆七星岗，这里离曾家岩不远，我们参观了八路军住渝办事处和周公馆，而在这里，我们第一次知道了戴公馆就在它附近，可见当年周总理他们革命的艰辛，咫尺之遥就是国民党特务头子居住的地方，周恩来、叶剑英、董必武他们简直就是战斗在龙潭虎穴。是的，周公不仅在这里领导了八路军办事处的工作，而且在这里还团结了国民党上层，比如张治中、刘文辉。张治中在黄埔军校就与周恩来相友善，后来，走向了不同的战线，但两人的私交很好。抗战胜利之后，张治中三到延安，迎接毛主席到重庆谈判，对毛主席的人身安全做出了特殊的贡献。而刘文辉是四川军阀的实力派，有名的"多宝道人"，但在周恩来的影响下也积极投身革命，为四川最后解放贡献了重要力量。

　　参观回来之后，我写了一个简报，记述了这次重庆之行的经过，特别讲了它对我们全体团员同志的教育和启迪，卫生局长周宗钧看了很满意，知道我对党史了解得很多，就与我很亲近，不仅如此，他还叫办公室报了一份给团县委。那时，团县委书记是周述康，周述康也很高兴，又叫团县委转发到全县。这个时候我的兴趣很广泛，加之受了重庆之行的影响，又由于对大竹地下党人，乃至对大巴山红四方面军的革命史实有所了解，我就萌生了写一部川剧的想法，于是我就利用业余时间写了八场川剧《杜鹃啼血》，写好之后我交给了江山霖局长，此时他已调离卫生局，到县人大当专委会主任去了。江局长看了后大加赞赏，一下子对我刮目相看，而我毕业分配那一幕仿

110

佛也一下子可以忽略不计了，他说"以前对你不了解，有点片面"。不仅如此，江局长还到处宣传我，亲自把剧本拿到宣传部叫部长们审阅，不久我也听到一种声音要把我调到县川剧团去当编剧。我有些惶恐，我想我只是业余爱好，离专业作家还差得远。

(5)

一天，卫生局办公室收到一份文件，说是关于在全国招考中央电大的通知，我正在办公室写东西，廖庭宽问我想不想报名，并说"单位全力支持，报学杂费，全脱产"，我听说全脱产就很有兴趣，于是在单位上交接了工作就开始认真复习起来。大约复习了半个月，我就考起了，而且成绩不错，与我一起参加复习的卫生局另外两位同志则没有考起，这件事情也为我加了分，说明考试之严，也说明我还是有一点实力。中央电大在各地都有办学点，在我们大竹就是在大竹县委党校，我就读的是1984级中央电大政治系大竹县委党校电大班，我们也是首届电大生，可以说与我读四川省达县卫校医士专业一样都很不容易，而学员也几乎是各单位的精英，有县委办公室的秘书陈汝将、县委宣传部的秘书包忠明、党委书记肖诗福、文教局人事干事夏文诗等等。老师那就更有水平了，中文和写作课老师陈德祥，是"文化大革命"前的四川大学中文系毕业生，文艺理论课老师谢家训也毕业于"文化大革命"前的西南师范学院，中共党史课老师张远树是恢复高考后的首届大学毕业生，是我三弟胡争上在南充师范学院的同学。除此之外，我们的哲学课老师也很牛，他叫齐宝椿，是原达县地委宣传部的理论处长，也做过达县地委党校副校长，他的哲学和历史都很好。一次在食堂吃饭，齐老师讲了一段历史上的典故，刚好我和陈汝将也知道，就与齐老师交流了几句，齐老师觉得很不错，大生好感，饭后就邀请我们到他寝室去玩了一会儿，齐老师鼓励我们要好好学习，要把过去的损失补回来。

那时电大班还有一位年轻教师叫范藻，是大竹师范毕业的，与我们是同年考上学校的，他原来在大竹县教研室工作，因为学习很勤奋，知识很扎实，他们单位的领导很欣赏他，两人合编了一本书叫《教海采珠》，就是把中外历史上关于教育的名人名言收集在一起，在当时也很轰动，所以我们也很尊重他。他后来被调到大竹县精神文明办公室工作，但他不喜欢这个工作，而喜欢做学问，就调到党校来了。我记得第一学年，我们全校几个年级，除了大专班，还有中专班，联合搞了一次演讲比赛，张远树老师是班主任，点名要我和陈汝将、胡定侯三个人做准备参加演讲。我选了个题《我以我血荐轩辕》，是一句鲁迅的诗，谈了青年的理想和抱负，但是结合现实不够具体，结果陈汝将得了一等奖，胡定侯得了二等奖，我得了个三等奖。这件事对我有点挫伤，从此我不敢轻敌了。

那时我们是全脱产，虽然我们离家很近，都在一座城市，但要求我们必须住校，早晚还有自习，还有晨练，总之要求很严。我以前就比较喜欢看书，现在不学医了改行了，又学的政治系，所以我有更多的时间看杂书，除了图书馆，新华书店也成了我经常光顾的地方，往往我一站就是几个小时，遇到吃饭的时候家里的人要等很久，或者我回去他们已经在吃了。我也无所谓，反正精神食粮已经使我大快朵颐，不仅如此，我也有熬夜的习惯，晚上看了电视又接着看书，很多时候也是一个通宵。由于我的学习和在班上的表现还可以，不久我就入党了，时间是1985年12月19日。入党那天大家对我提了很多希望，用今天的话来说就是红了脸，冒了汗，那真是真刀真枪，有的我接受了，有的我做了解释。过了几天校长潘光汉找我谈话，说了一些鼓励的话，我趁他出去接电话的时候偷偷看了鉴定，发现写得很好，我一下就放心了。

第九章　重庆油校

三弟与殊侄

（1）

临近电大毕业还有半年，我们要写毕业论文了，班主任张远树老师叫大家各自选题，他再综合考虑，我先选了个《平型关大捷我方缴获情况考》，结果张老师认为意义不大，于是我就从地方史中着手研究，最后确定为《李绍伊与孝义会起义》。我之所以选这个题，是因为我对家乡，对地方史，对大竹名人的崇敬，我热爱我的家乡，我热爱这里的人民，尤其是那些为了民族独立、人民解放而做出重要贡献的先烈，我更是无限景仰。李绍伊的事情我最初是从我的奶奶嘴里知道的，她常爱对我们说"李绍伊反对剪头放足"，是的，李绍伊是清末大竹反清的农民英雄，后席卷了整个川东北，我奶奶就是李绍伊起义那年结婚的，所以她记忆深刻。以后我在大竹观音中学读书，又听到那里的老师讲到他，观音就是他的家乡，那里有个大寨坪，就是李绍伊揭竿而起的地方，陈斌校长的"北方胡马践华夏，南国书生做主鞭"就是歌颂李绍伊的。成年以后我读历史，偶然读到一本《四川文史资料》我发现了李绍伊。但是这些零零碎碎的东西不足以反映李绍伊起义的全貌以及他对于清末民初大竹的贡献，所以我想做点研究的工作，为大竹地方史存点史料。

这个工作也得到了我的指导老师陈德祥的支持，陈德祥在大竹师范也教过我大哥，所以我们的关系更深一层。他叫我先收集资料，然后再爬梳剔抉，占有资料越多越丰富越好，总之他教我做学问首先要实事求是，论点要鲜明，论据要充分，论证要有力，否则你的观点就站不住脚，就要闹笑话。我记住了陈老师的话，开始收集资料，那真是大海捞针，为此我去过大竹县图书馆，去过大竹县委宣传部图书室，去过大竹县政协，我还采访了李绍伊的后裔，他们对我的研究都给予了极大的支持。特别是有几个老同志，对我的研究很感兴趣，一个是县政协副主席、原大竹中学校长、老地下党员李孝思，一个是县政协副主席、大竹工商联负责人杨子华，他们对李绍伊的遭遇很同情，说中华人民共和国成立后对他的肯定太少了，正史里提到的不多，为此李孝思还曾经与省政协的领导交换过意见，也曾经找省志办的专家商榷过，所以他对我的研究很支持。在查阅资料的过程中我找到一本吴玉璋的《辛亥革命》，那里面对李绍伊与孝义会有提及，我如获至宝，然后，我就开始撰写论文。

论文写出来之后受到了各方的好评，很多老同志对我的历史知识啧啧称赞，但是在达县地区电大毕业答辩的时候我却没有得到优秀，我深感纳闷，后来我的指导老师陈德祥告诉我，是因为主持答辩的老师郑多祥对李绍伊存有偏见，也就是说他跟其他人一样还没跳出"李绍伊是土匪"这个框框，我仰天长叹，是的，偏见足以毁掉一切，对此我无可奈何，好在很多人都读了我的文章，知道了我的观点，也对我的才华有了更新的了解。转眼间，我在电大就毕业了，张远树老师在我的纪念册上，题写了两句唐诗赠给我，可以说是意味深长——"莫愁前路无知己，天下谁人不识君"。

(2)

毕业前夕学校还组织了一次调研活动，我们那个组八个人到了重庆湖北、湖南、江西、安徽、江苏、上海、浙江，我们沿长江黄金水道游览了重庆、武汉、庐山、南京、苏州、上海、杭州，在武汉我们参观了黄鹤楼、武昌东湖、武汉长江大桥、汉正街、归元寺、武昌农民运动讲习所，在庐山我们参观了仙人洞、庐山大戏院和美麓，在南京我们参观了明孝陵、中山陵、玄武湖、秦淮河、南京长江大桥，在苏州我们参观了寒山寺、留园、拙政园、虎丘，在上海参观了黄浦江、南京路，在杭州参观了西湖、灵隐寺、六和塔、虎跑。这是我第一次出川，意义非常重大，我很兴奋，也很激动，同行的谷长全、胡定侯他们说即使是全部自费也值得，结果我回到单位卫生局长潘龙政全部给我报了，在此之前潘局长把杜小云从大竹城南卫生院调到了大竹县人民医院。关于我的这次出川行，后来我写了几组散文，这里照录如下：

三　峡

还是在30年前去过三峡的，天将放亮，船到巫峡，我和同伴们立即起床走出船舱，登上船顶。那是初春的早晨，还有些凉意，但我们不怕冷，站在船上迎着寒风，仰望两岸青山，俯瞰船下的江水是多么惬意啊。巫峡是三峡中最窄的一段，但见两岸岩壁如刀砍斧凿，直冲霄汉。江水奔涌不息，只容两船相对而过，大家打着招呼，欢呼雀跃，不管天南地北，互道珍重。那一瞬间人们忘记了一切过往烟云，在这里就是朋友，就是亲人。当然巫峡也是三峡中最长的一段，所以古人有句——巴东三峡巫峡长，猿鸣三声泪沾裳。不仅如此，巫峡还是三峡中最为浪大滩险的一段，这里不知沉没了多少船只，也不知上演了多少人间悲剧。

中午时分，我们来到了神女峰下，你看那神女峰高高耸立，迎着霞光而来，难怪人称神女峰。她就是来帮大禹治水的西王母之女瑶姬，宋玉在他的《高唐赋》里曾有描述。我们经过她时，她正披着霞光，伫立在云头，是的，她是仙女，是护佑生灵的化身。清风徐来，白雾缭绕，似幻似真，我们仿佛进入了神话世界。正在这时只见一只雄鹰从江上掠过，在船上盘旋几周就飞到神女峰上了，紧紧地挨着她，不离不弃。我想他或许就是那位痴情的楚王，千百年来一直在瑶姬身旁，只求得神女的眷顾，然而神女想的是天下苍生，岂能为君王所动。王昭君也是从这里走出来的，"群山万壑赴荆门，生长明妃尚有村"王昭君家门前那条河叫香溪，从香溪出来一直流到长江就是三峡了，所以三峡自古以来就出美女，就出仙女，是三峡的水滋养了他们，是三峡的水哺育了亿万黎民。

"神女应无恙，当惊世界殊"1958年毛主席路过三峡，对长江三峡至为关切。周总理亲自下令炸掉乱石林立的险滩恶水，以利交通之便，那以后长江三峡就再也没有出过大的事故了。自20世纪50年代到今天，去三峡旅游观光的人越来越多，人们不仅迷恋三峡的风光，更感念一代伟人的恩泽。从三峡回来十多年后，我写了一首七绝，以为纪念——"翠竹烟岚翠竹溪，潇湘流满雨飞啼。君心一片是明月，回首巫山云已低"。

庐　山

庐山的出名自何时而起已不可考，我想应该是从李白的《望庐山瀑布》开始，是的，飞流直下三千尺，疑是银河落九天。但我没有看到庐山瀑布，我去的时候正下着雪，山上山下一片银白，道路不好走，那时基础设施不怎么好。在我记忆里，庐山大戏院、仙人洞印象比较深刻，特别是庐山仙人洞，从下往上走要登几十级台阶，过一个圆拱门，才看得到一颗孤松挺立在岩石上。青松上面华盖亭亭，青松下面悬崖峭壁，站在这里俯瞰群山万壑，那真是乱云飞渡仍从容啊。

仙人洞就在它的侧边，洞子很大，很开阔，有泉有水，有石桌石凳，还有石棋，传说是朱元璋和大隐士周癫弈棋的地方。元朝末年天下大乱，各路英雄揭竿而起，谁来收拾残局尚未定论，于是朱元璋想到了周癫。然而周癫名士风流岂肯下山，商量的结果是棋定输赢，最后周癫赢了，朱元璋望洋兴叹。但是周癫毕竟是一个对天下苍生有情有义之人，便对朱元璋授以密计，助他得了江山，建立了大明王朝。

庐山的含鄱口也很有名，天晴的时候可以遥望鄱阳湖，毛主席的《登庐山》就是在那里写的。站在含鄱口，我看见云涛滚滚，千里江流，湖天一色，万山苍翠。那江便是长江，那湖便是鄱阳湖，湖鸥飞来掠过头顶，此时山风扑面，红日升腾，身在此中不由人不想起苏轼的名句——"横看成岭侧成峰，远近高低各不同"。但我想得更多的还是彭大将军，就是在那次会上，彭德怀被受到错误批判。当他的夫人蒲安修知道了这一切后哭着说"你是管国防管军事的，为什么要过问经济"时，彭大将军只冷冷的一句话就回答了一切："我不能眼看老百姓受苦我不管，我不能对不起我的良心！"耿耿此心，天日可鉴。庐山会议结束，彭元帅被罢官，没有人敢同他一道坐飞机回北京，这时走来了一位上将，他就是张爱萍，他不怕受牵连，他用他的人品抚慰了元帅受伤的心灵，贤哉，张将军！是的，庐山你有太多的美丽，也有太多的遗憾。

"上得山来雪满天，北风吹折万松旋。窗花零落云迷眼，一夜伤心是杜鹃。"这就是我对庐山的记忆。

西 湖

淡妆浓抹的西湖不仅美在肌肤，也美在骨髓，先说她的肌肤之美。她有山有水，山就是宝石山、栖霞岭，水就是西湖，说她处处皆景、处处皆情一点也不为过，我曾先后两次到过西湖，每一次都很震撼。一上断桥便见一湖烟水，浩渺无边，湖中白帆，随风荡漾。岸上柳絮纷纷扬扬，顾盼生辉。一路望过去，曲院风荷，苏堤、白堤，还有雷峰夕照，保俶塔，也就是西湖十景全在目前也。特别是她的曲院风荷，荷开得特别地好，红裳翠盖，亭亭玉立，宛如仙子在风中摇曳，一大片一大片地煞是好看，尤其是风儿轻轻地吹，荷花轻轻地飘荡，以及她的远山近水无不激起人们美好的兴致。

观看完曲院风荷，拾舟向湖便是三潭印月，时近傍晚，夕阳余晖洒在湖面，天上明月，湖中小舟，相映成趣，渔歌互答，此乐何极。而她的最佳景点还在小瀛洲，这是湖中的一处孤岛，四面皆水，中间一处仙山琼阁，从不同的方向往外望去都是绝佳胜景，断桥的柳，曲院的荷，雷峰塔的夕照，还有那远处的城市灯火，既是一幅写意的山水画，又是一幅浓墨的水彩画。

说西湖美在骨髓，是因为她的人文景观也特别多，苏小小墓、武松墓、秋瑾墓，尤其是岳飞墓给人几多遐想，几多回味。我第一次去的时候亲眼看到许多人在岳王庙里烧香，而对跪在他面前的秦桧等奸臣们无不痛恨之至，很多小孩子还投以唾液，表达了人们的爱憎之情。而大家谈得最多的还是许仙和白娘子的故事，我则在少年时代就有印象。那是在"文化大革命"时期，读了禁书的我居然熟悉了这段掌故，从而开始神往这片山水，而且我不仅知道西湖，我还知道峨眉山，是的，白素贞就是峨眉山上的千年蛇精，白蛇青蛇就是为了追求美好的爱情生活才来到人间的。白娘子和许仙在断桥相遇，因为躲雨借伞而生一段情愫，可惜法海将她镇在雷峰塔下，千百年来人们无不为之叹息，因此就有很多游客前往凭吊，我两次去都想一探究竟，然而很遗憾，不是人多，就是天公不作美，都未成行。但我在塔下远远望去，如海的人流，以及写满幸福的少男少女的脸，些许落寞便都风吹云散了。

（3）

电大毕业的时候，我们开了一个座谈会，县委书记何珍扬、副书记王国强、组织部长黄深民、宣传部副部长李阳华来了，会前班主任张远树安排了几个人发言，其中有我，但我没有准备，不知道该说什么好。其他人已经在说了，我还没有想好，这时我突然看到教室讲台上方有一排标语，上面写着这样几个大字——"博学、审问、慎思、明辨、笃行"，我一下子灵感来了。我知道这几句话出自《礼记·中庸》，是孔子的后裔子思关于为学的几个阶段和几个递进程度的阐述，我就围绕这个问题做了发言，结果赢得领导的好感。

回到卫生局，潘局长本来已对我的工作做了调整，那就是不回爱卫会办公室了，到局办公室工作。潘龙政是"文化大革命"前的四川医学院的毕业生，落实知识分子政策，提倡干部四化标准——"革命化、年轻化、知识化、专业化"时被提拔上来，他夫人李球花与他是同学，也被提拔上来做妇幼保健站的站长，他们家和我是邻居，住两隔壁，因此关系很好。这时，爱卫会的领导不高兴了，正在那里提意见的时候，突然局办公室接到一个通知，要我到县委组织部报到，参加县委整党办的工作，我一下子如逢大赦。

后来，我才知道是我的毕业发言得到了组织部长黄深民的认可，黄深民也是"文化大革命"前的大学生，毕业于西南师范学院中文系，喜欢看书，尤其喜欢看小说，他对我的发言很有兴趣。我到组织部后与夏文诗分在一个组，还有宣传部的包忠明，以及宣传部副部长李阳华。县委副书记王国强经常带我们下乡调查情况，当然我们也经常在下面吃饭，我们吃过一整只羊，也到万元户家里吃过很多水果，但王国强有个好习惯，就是只准我们吃不准我们拿，老百姓要送也被我们婉言谢绝了。

一天，我正在整党办写材料，突然被宣传部副部长李阳华叫到宣传部谈话，而主持谈话的则是县委常委、宣传部部长秦修国，秦部长简单地问了我几句后就说要把我调到宣传部理论科工作，并让我等消息。那段时间我感觉我成了一个香饽饽，组织部和宣传部都想要我，没过几天我就被正式调到宣传部理论科了。负责理论科的副部长姓胡，叫胡奇祥，很有理论功底，被称为大竹的理论家，那时他已经五十来岁了。胡部长能说会写，自然对我要求很严，上班一周不到就叫我一个人到大竹二中去搞政治思想调查，准备写一个经验材料，我去找了校长，也和几个老师交流了几句，回到部里我就把材料写出来了，题目是"春风随化雨，润物细无声——大竹二中思想政治工作概览"，胡部长很满意，印了几百份发到全县，我一炮打响，在宣传部站稳脚跟。把我调去的秦部长和李部长也很高兴。

我在宣传部工作不到一年，我们家好事很多，先是我大哥胡建新当了周家中学教导主任，三弟争上从062国防厂调到重庆石油学校任政治课教师，妹妹爱平由大竹乌木小学调到大竹二中，而我也考进了四川省委党校哲学本科班离职脱产学习。这一年是1987年，农历丁卯，我父亲为此还写了一首诗，以记其事：

丁卯多快事，合家喜盈盈。
爱平进二中，建新提主任。

跃先入成都，争上调渝城。

幸福来非易，前途应自珍。

　　我到省委党校读书说来也是个巧合，有一天我在县委传达室耍，秦部长看到我了突然对我说：“我喊张应华去读书，他不去，你去不去吗？”我当即就答应：“我去。”张应华是我的科长，为人比较忠厚老成，是工农兵大学生，南师毕业，平常对我还可以，但胆子比较小，他怕考不起。这样我就开始复习了，我们考试是在达县地委党校，其他区县记不起有哪些人了，只记得渠县来了三个，有金敏、陈元玉等。大约过了一个月我就收到省委党校录取通知书了，我们那个班一共收了24个人，来自全省各地市县，主要是宣传部和党校的人。

　　这是我第一次到成都，组织部的袁新生给我找了个小车，到成都后由于离报到时间还有两天，我就去拜访了成都军区政治部的罗腾元夫妇。我在军区大院东门岗亭给罗腾元打了个电话，一会儿他就来接我了，他直接把我接到政治部他的办公室，参观了一下他的工作环境，说实话，他那时是我们家乡人的骄傲，年轻有为，在西藏军区没有几年就调大军区了，而且是政治部的笔杆子，可见他的能力非常突出。他的夫人郝小华人也非常不错，两夫妇待人都好，他们一家还带我去游览了望江公园，第二天，罗兄用他们单位的小车把我送到光华村省委党校，所以我对他们一家一直是心存感激的。

　　报到的当天晚上，我和王明强同学正在寝室休息，突然班主任唐明道老师来看我们，问了一些情况，很亲切。王明强来自南充地委党校，唐老师50年代在川北行署工作过，所以一见如故。第二天宣布班组干部，王明强是班长，我是党小组长兼学习小组长。入学不久班上搞了个联欢，鲁强和陈元玉表演了《回娘家》，王天辉表演了手风琴，王刚表演了诗朗诵，我写了一首诗《献给老师的歌》，全体同学大合唱了几首，然后又是交谊舞，总之，气氛非常热烈，非常欢快，那真是一个不眠之夜啊。不久。我的朗诵诗《献给老师的歌》发表在了四川省委党校校报上了，这也是我的文字第一次见报，由此我走上了新的征途。

（4）

我在四川省委党校读书的时候，我三弟争上已调到重庆石油学校工作，任政治课教师。重庆石油学校在重庆沙坪坝大坪附近，是一所中等专科学校，学校规模比较大，在全国都很有名。学生有一千多人，老师也有一两百人，学生来自全国，毕业分配也是面向全国，有到大庆油田的，有到大港油田的，有到胜利油田的，有到克拉玛依油田的，总之桃李满天下。争上去了之后还当了班主任，与班上的学生相处得很好。争上的威信全部是建立在他的能力和对同学们的亲和力上，他教政治课与别人不一样，他完全是抛开讲稿，怎么样讲都会引来掌声，阶梯教室过道上、窗户外，到处挤满了学生，同学们说他机智幽默，提什么问题都难不倒他。

在一些人看来，各级各类学校都必须开设的政治课都成了空洞无物的说教，老师不愿意教，学生不愿意听，可以说是费力不讨好，人们把他与说假话、说大话、说套话画了等号。争上认为这固然与人们淡化政治有关，但更多的是因循守旧，政治课不能与时代同行，不能跟上改革开放的步伐，政治课教学如果不改革，有可能成为束缚思想的羁绊。于是争上把内容的丰富、知识的新鲜视为备课的关键，比如他从《红楼梦》里众多主仆的身世和贾府中的地位，形成了他们各自不同的性格特征的分析；从英国文学的抒情气氛，法国文学的犀利幽默，俄国文学的"多余的人"，日本文学的"私小说"，以及中国文学不同时期的比较，来阐明社会存在决定社会意识的道理。同时，他也从中国的计划生育、苏联的英雄母亲，论证人口因素对社会发展的影响。讲到地理环境，他也讲一点人文地理、政治地理方面的知识。争上每一堂课几乎都这样讲，学生一下子都愿意听了，神情既高度专注，又不失活跃轻松。

教学除了晓之以理，还应当动之以情，争上注意到情感教育在政治课教学中占着重要地位。于是他要求自己在讲课中诗词精美一点，感情色彩浓一点。他给学生讲《中国青年运动史》就特别注意时代氛围的渲染，把学生带到具体时代的规定情境中去。比如讲红军1933年9月3日国际青年节这天，"少共国际师"在宁都誓师出发，就朗诵《少共国际师出征歌》；讲抗日奋战在长城内外的无数青年救国团体，就历数延安抗日军政大学培养出来的重要人物，最后问学生会唱《抗大校歌》吗？"黄河之滨，集合着一群，中华民族的优秀子孙。人类解放，救国的责任，全靠我们自己来担承。"恰当安排激越的革命历史歌曲，最能把结尾推向高潮。这样一讲，不少同学热泪盈眶，有的还当场递纸条给他，上面写着"胡老师讲得太好了，我们终生不忘"。争上的讲课也迅速得到学校领导的肯定和赞扬，认为开创了政治课的教学模式，不久，争上在重庆市中等专科学校政治课教学比赛中获得了一等奖，他的论文《我这样讲政治课》也发表在重庆《教学通讯》上。

（5）

作为班主任，争上一有空就到班上给学生编排节目，策划活动，他们班总是歌声飞扬，校内校外，演出、演讲，活动不断，也因此得过省级先进集体称号，在一次学校优秀班主任座谈会上，争上曾做过《情感、美感、信心、爱心》的主题发言，这或许可以看作是他的个性特征和追求。那段时间，争上对艺术又痴迷起来，他埋头写电影剧本，钻研电影创作理论，郭沫若反映明末清初少年英雄夏完淳的历史剧《南冠草》，他不仅分析剧情结构，而且还琢磨怎样去塑造这个人物，指望有人去拍这个片子，去应聘这个角色。他总是那么充满活力，充满激情。

而对于学生他总是像大哥哥一样待他们，事实上争上也比他们大不了几岁，那时争上才26岁，班上大的学生也已20出头，所以他们的关系是亦师亦友，亦兄亦弟。重庆是有名的山城雾城，冬天来了，他请同学们吃火锅，有时还在自己家里做。争上原来是不做家务事的，但为了学生，为了那份师生情，他也要亲自下厨，那些南来北往的学生多年以后也仍然忘不了他做的鱼火锅。争上出去招生，碰到那些学生，也总要与他们攀谈很久，他关心他们的工作，他们的生活，而那些学生也忘不了他们最尊敬的胡老师，总是要把最好的东西送给他，有长白山的人参鹿茸，有各地的名酒和土特产，还有具有非物质文化遗产的地方工艺品。争上逝世后，我们从他的家里找到了100多封学生的来信，大多数都是感谢他对他们知识的灌输，思想的引领，人生的导航所起的关键性的作用，师恩难忘，真情永铸！

　　但是，争上唯独忘了自己，忘了自己的婚姻。在重庆我们也有几家亲戚，还有同学朋友，我的本家叔伯、嬢嬢在南岸弹子石住，多次给他介绍女朋友，都被他婉言谢绝了，我妹妹的好朋友在重庆工作条件也不错，本人也有心，但争上也忽略了，他南充师范学院的同班同学，班上的漂亮女生多次给他介绍女朋友也被他拒绝了。有一次，我父母也在重庆争上那里，他们的班花还生气了，把他的肩膀一拍"走，我们出去说"，班花生拉硬拽地把他推上公共汽车让他去见女朋友，结果他从半道上下来了，为此班花很久都不理他。那么争上在忙什么呢？原来他又在向新的目标进发。

第十章　西子湖畔

能歌善舞的三弟争上

（1）

　　我在四川省委党校读完一个学期以后，杜小云带我儿子胡为希来看我来了，那天我吃了午饭正回寝室，走到大厅听到一个熟悉的声音喊我"爸爸……"我一看是为为来了。他那时戴着一个白色的兔儿帽，脸儿圆圆的，很招人喜欢，班上的同学知道他来了，尽都来逗他。接下来的几天里我带他们两娘母逛了成都的街道，游览了人民公园、望江公园、武侯祠、杜甫草堂、青羊宫、王建墓、百花潭、文殊院，为为玩得非常开心，在望江公园他还骑了马和骆驼，我感觉到他的心里是幸福的，甚至是自豪的。这次成都之行给为为留下了鲜明的印象，他说他长大后也要到成都来读书学习，对此我深感欣慰。而我对成都也有了一个全面的认识，多年以后我写了八首七律，分别题赞八个景点：

成都八景律诗八首

其一　杜甫草堂

秋风茅屋浣花溪，黄四娘家醉似泥。
一别长安孤月映，三分锦水双燕啼。
城中故径觅新酒，野外荒田学旧犁。
苦雨草堂何足看，且听万里报雄鸡。

其二　武侯祠

自从玉垒断浮阴，老泪混茫直到今。
古树参天掩碧瓦，青藤满地立黄禽。
墓门正对锦江月，华表斜侵蜀汉林。
千古君臣同一体，几人相忆柏森森。

其三　望江公园

崇丽高台鸣玉浦，薛涛孤井沐秋雨。
笺诗借重足风流，图画何曾全乐舞。
冷坐山中哀白云，笑看舟上飞红羽。

望江一派尽公园，倩女幽魂辉粉堵。

其四　文殊院

大乘文殊坐锦江，北城一带起烟光。
袈裟八百钟声急，信众三千法鼓忙。
殿下天王花吐艳，塔前舍利玉生香。
睡莲朵朵浮云霭，绿竹风中透水凉。

其五　青羊宫

入关老子捧经书，一对青羊随后居。
迎月楼中飞宝剑，送仙桥畔卜名墟。
妆成大殿千花舞，刻就巨碑百牒储。
莫道锦城无意趣，却听法老说玄虚。

其六　永陵

力棺十二入空山，高耸永陵锦里间，
石马荒鸡嘶夜月，铁牛衰草忆雄关。
血溅中土宝输剑，泪洒征袍水到湾。
一醉千杯何得识，王建可有别君闲？

其七　百花潭

百花潭水水何愁，一脉清泉绕碧楼。

草树云山遮丽日，琵琶钟鼓入高秋。

奇松怪石竹根现，香液名花玉舸浮。

最是慧园看不足，锦江春色涌渊流。

其八　人民公园

鹤鸣只在少城中，帆影画船笑北风。

满目青山几个老，一轮明月古今同。

金河不歇流幽怨，巨石犹存泣鬼雄。

滴翠飞红庭院好，纹枰闲对酒壶空。

千百年来写成都的诗不下万首，有七律有七绝，有古风有排律，有词曲有小令，有新诗有歌词，可以说每个人有每个人的风格，也有每个人的心路历程，或豪放，或婉约，有的似洪钟大吕，有的似小桥流水，或咏花开花落，或说云起云飞，大千世界，人生百态尽在诗人的笔下汩汩流淌，我不敢说我的成都八首写得好，但它是属于我的，具有我的风骨和情怀，是任何人都不能复制的。

（2）

过了不久，我投了一篇杂文《荷花就叫荷花——兼谈观念更新》给省委党校报，主编很感兴趣，认为这篇文章切中时弊，很有分量，很快就给我发了出来。编辑莫景秋老师，人长得漂亮，文笔也好，对我的文章也是大加赞赏，以后经常发表我的文章，我也经常到她家里向她请教，她是"文化大革命"前西南民族学院的毕业生，老公也在省委党校教党史。后来我毕业的时候，莫老师还送给我一张单人照，可见师生关系很好。我在省委党校也读了很多马列原著，比如《共产党宣言》《国家与革命》《家庭婚姻私有制与国家》《资本论》，还有就是《中国哲学史》与《欧洲哲学史》，除此之外，我还读了许多杂书，比如萨特的、尼采的、叔本华的，还有弗洛伊德的。我还珍藏了《说东周话权谋》《说三国话权谋》，但我实际上是一个理论的巨人，行动的矮子，我的大半生都与权谋无关，尽管我知道得不少，我不仅不懂权谋，而且非常天真，所以一生不得志，小运不错，大运没得。我一生酷爱读书，但理论未能联系实际，所以一事无成，充其量是个书呆子。

在我读省委党校哲学本科班的两年当中，我们集体外出参观了两次，一次是都江堰—青城山，这次我弟弟胡争上也来了，他是出差到成都来的，正赶上我们班出去参观，他也和我们一道。我陪争上在都江堰游玩了一天，我们参观了二王庙、宝瓶口、离堆公园，跨上了江上的索桥。在二王庙我们看到了"深淘滩，低作堰"六个大字，这是李冰治水的六字箴言，我和争上都只从字面上去理解，而不懂它的全部含义，实际上人生亦如此，要因势利导，不能蛮干，当然这是我们多少年以后才悟到的。对于一个人来说，也要"深淘滩，低作堰"。"深淘滩"就是要不断地努力学习，不断地修身养性，厚德方能载物。只有胸怀大志、心胸开阔、心怀天下，才能做出更有益于人类和社会的事。"低作堰"就是要谦虚谨慎，要低调，只有这样，才不会受损。

在青城山我们参观了上清宫、建福宫、祖师殿、月城湖、呼应亭、天然图画，上清宫还有蒋介石等名人题的字，整个青城山就是一派青幽的感觉，自古以来就有"青城天下幽"之美誉，我在多年以后曾有一首古风单道它的好处：

青城山咏

西蜀多佳丽，
青城天下幽。
山色绕翠路，
黄鸟故迟留。
冰溜林中挂，
水岸浮白鸥。
横吹有短笛，
青草放小牛。
院宇森森在，
凛然已千秋。
清静号无为，
坦荡大江流。
老子入关去，
道陵乐西游。
建福宫不灭，
群山鸟喁啾。
四望亭翼然，
万木更悠悠。
藤萝蔓古道，
花香入小楼。

波平明如镜，

秋月照御沟。

我来二十载，

春风驻心头。

登临复览胜，

歌吹到蜀州。

　　我们的第二次外出参观是到新都的宝光寺和桂湖，宝光寺就是菩萨多，其他没有什么特色，而桂湖就不一样了，是为了纪念明朝状元杨升庵而修建的，桂树与荷花都很有名，而关于杨升庵一门七进士的故事也颇能让人深受启发。是啊，一个家庭出了七个精英实属不易，而杨升庵是其中最为杰出的代表。他的《临江仙》"滚滚长江东逝水，浪花淘尽英雄……"非常著名，后来电视连续剧《三国演义》播出后，片头曲就是杨升庵的《临江仙》，这一下就更是风靡全国了。我们这次新都之行还到了德阳，参观了德阳二重，回来的路上经过青白江，带队的老师说四川化工总厂和成都钢铁厂就在这里，当时也没多想，不想几年以后我一家却调到了这里，以后我的后半生也与这里结下了不解之缘。

（3）

　　离省委党校哲学本科班毕业还有半年的时间，我们开始进行毕业论文的撰写，这时正是改革开放，选人用人最为活跃，争论最多的时期，处在这样一个时期，人们的思想有一些迷茫，也有一些混乱，于是我选了一个人才方面的课题《领袖与人才——略及毛泽东建国过程中成功的人才思想》，我想从毛泽东人才思想的阐述，对当前正在进行的改革开放有一些启示，应该说我选的这个题既有现实意义，也有历史意义，指导教师杨淑瑶非常肯定。接下来建议我在文章结构上采取三三式，即在标题之下用三个大标题，大标题下面用三个小标题，小标题下面再有三个小小标题，这样有一种整齐的美和形式的美。而在论据上我则下足功夫，查阅了大量的资料，从毛泽东的建党建军建国，或者党的建设、武装斗争、统一战线等几个方面论证毛泽东的人才思想，有的资料很独特，资料非常丰富，而且观点新颖，论据充分，论证有力，所以得到了专家组的一致好评，获得了优秀奖。须知，那个时候的优秀奖就是一等奖，下面是良好，再下面是一般或中，再下面则是不及格。学校开了一个座谈会，领导给予了表彰，我这篇论文几年后全文发表在《成都党史》杂志上。

我在省委党校毕业了，毕业前夕关于我的工作去向我则有新的考虑，省委宣传部理论处长向克孝原来在大竹工作过，他的夫人黄静娴在成都中医药大学做外事处长，她在大竹中学的时候与杜小云的父母是邻居，彼此关系还很好，我去找过她，她表示愿意帮忙。但是这时我与班上的个别同学有点不愉快，达县地委宣传部长知道这件事情，我怕宣传部长跟向克孝和黄静娴提到这件事情，所以在向黄夫妇约我去谈的时候我犹豫了，故此痛失一次良机，以后向黄再也不信任我了，很多年后想起这件事情我仍追悔莫及。

既然省里不能留下来，那我就只有回大竹县委宣传部了，别人都认为我回去会升官发财，只有我自己明白是竹篮打水一场空，所以我很消沉，总之有点患得患失。部里面的领导和同志也开始疏远我了，我更是感到很抑郁。这时正是江泽民同志主持中央工作，他发表了《国庆讲话》，全国都在学习，县委办公室秘书科的科长李严平有心帮我，他是办公室的机关党支部书记，他请我去讲了《国庆讲话》，那时没有PPT，我也没有准备讲稿，就这样给他们脱稿讲了一个多小时，结果反响很好，整个县委机关都晓得了，宣传部副部长兼机关党委副书记李阳华准备请我在全县机关工作人员大会上去讲一次，最后受到来自其他方面的干扰，此事作罢，我也被下派到大竹县清水乡去搞农村工作去了。

（4）

清水乡党委书记曾静是宣传部的理论科长，是我的直接领导，他对我很好，我心情不好，加之对农村工作不熟悉就很少下村，他也不喊我，有时遇到下雨他还主动对我说"你就不下去了"，但是每天三顿饭他要喊我一起到街上馆子去吃，感觉街上饭馆就是乡上包了的，我心里也很惬意。过了几天我感觉我不能这样下去了，我得做点事情，于是我想认真搞点创作。写什么呢，这时我想到了一个人物，那就是大竹县红十字医院的离休老干部裴韵文，她的故事很传奇。她是我党早期地下干部，与刘伯承、罗瑞卿、任伯戈是战友，她的第一任丈夫叫杜永寿，是湖北省军委书记，1927年牺牲，她的第二任丈夫叫徐德是大竹地下党的发起人之一，1934年牺牲在江西瑞金，她的第三任丈夫叫冷从道，是个资本家，所以她的一生充满了悲欢离合，很有戏剧性。经过与她的几次采访，我确定写一部电视连续剧，题目叫《泪洒扬子江》，一共十集，在当时来说就是篇幅很长的了，而主题就是以下四句话——"一个少女的浪漫情歌，一个妻子的血泪诗作，一个母亲的辛酸往事，一个英雄的动人传说"。我写得很顺手，就在清水乡的招待所里，我只用了一个多月时间就拉出了十二万多字的初稿，最后的结尾主题歌则是在我的家里一气呵成的，歌词如下：

> 记得鹦鹉洲的雨，
> 记得西陵峡的风，
> 风风雨雨大江东。
> 记得黄浦江边火，
> 记得雨花台上血，
> 血火青春巴山月。
> 啊，
> 大江东，
> 巴山月，
> 当年遗恨心悲切。
> 山含怨，
> 水含忧，
> 高山流水鸟啁啾。
> 碧血化春草，
> 沃土发馨香，
> 当年遗恨在，
> 泪洒扬子江。

剧本写好后，我只给我大哥看了一下，我就到重庆石油学校争上那里去了，因为他跟我说他与重庆电视台的导演很熟，结果我刚到重庆，我父亲就一路追过来了，他认为我是离家出走。在一些人眼里我在宣传部工作，又有才华，又读了省委党校，肯定早晚要提拔上来，目前暂时有点挫折应该经得起考验，不应自暴自弃，但他们不知道我搞创作除了心情不好，还与我的兴趣和追求有关，我本身就在从政与文学艺术两条道路上挣扎，我认为我是进可攻退可守，何来离家出走之说？但我父母不理解，他们认为一家人的希望在我身上，不同意我有别的想法。我简单跟我父亲解释了几句我就到重庆电视台去了，见了尹导演，他没看剧本，而是叫我回去写一个故事梗概来，因为剧本十几万字，他没有时间看。后来我才知道所有的导演都不先看剧本，而是先看故事梗概或故事大纲，为的是节约时间，以便取舍。我遵照导演的嘱咐，在争上那里用了半天的时间写完了故事梗概，每集四五百字，十集四五千字，我的字不好，我父亲帮我抄写的，此前我的剧本十几万字是杜小云的母亲杨老师帮我抄写的。我把故事梗概交给尹导演，他看了很满意，认为很有张力，剧情有点像红色经典名作《青春之歌》，他留我吃了饭，但同时又说，现在是市场经济，要找赞助，否则再好的本子都无法拍摄，我听了心都凉了。因为我是一个文弱书生，我哪里有时间和精力去拉赞助，而且我也没有那些人脉。

（5）

回到大竹我被调到大竹县爱卫会办公室工作，任副主任，此时的爱卫会办公室与卫生局已经分家，属于局级单位，我则属于副局级，也就是副科级，我心里顿时感到受到莫大的打击，甚至是莫大的侮辱，因为我从爱卫会出来又回到爱卫会，叫我情何以堪。此时秦修国部长已调任县纪委书记，他曾想把我调去，但我家里觉得没什么意思，现在他也爱莫能助了，宣传部副部长李阳华安慰我说爱卫会正在修职工宿舍，你去了可以分一套好房子。果然我到了爱卫会办公室分了一套三室一厅一百多平方米的大房子，我心稍安，这是我参加工作第二次分房子了，而且想到县委机关那些难兄难弟至今还挤在集体宿舍里，我就心里美美的。

大竹县川剧团的宋晓涛导演知道我写了一个好剧本，非要借去看不可，看完后则大加赞赏，并表示他想导这个本子，他给我出了个主意到北京去找老领导。我向分管副县长黄建群请了假，他很支持我，并出具了大竹县人民政府的证明，这样我就到北京去了。我先找了裴韵文的第二任丈夫革命烈士徐德的战友张爱萍和黄火青，张爱萍那时是国防部长，他的秘书接待了我，然后把本子送给了张爱萍，过了几天秘书来电告诉我"首长看了，剧本写得很好，但不是人物传记片，有大量的虚构成分"，接下来秘书没说，但我已经明白了，首长不便帮忙。过了几天最高人民检察院检察长黄火青亲自召见我，谈了半个小时左右，也没有结果。但我在团中央却意外获得了团中央副书记刘延东的亲笔批示，她的父亲刘瑞龙与徐德、张爱萍、黄火青是战友，这使我倍受鼓舞。

我也去了中央电视台，找到了电视剧部的领导，他们给了我一些鼓励，而最后给我鼓励最大的则是八一电影制片厂的总导演李俊，他曾执导过《闪闪的红星》《归心似箭》，这时他正在执导军事大片《大决战》，那几年他忙得很，他看了我的故事梗概，评价很高，叫我回去找到当地的领导投点儿资，这部片子准没问题。这时正是王晓棠任八一厂的厂长，我想去找她，李俊说她出差了，我就告别了李俊导演。为了表示他的真诚，他留我吃了饭，并拿出一个写红军著名将领赵博生、董振堂的本子对我说，这个本子跟你一样也写得很好，但没有投资仍然无法拍摄，叫我少安毋躁，与当地领导搞好关系。

我是第一次到北京，趁等消息的那些空档我游览了北京的一些著名景点，比如故宫、天安门、军博、长城、香山。我也去拜访了我的本家侄儿胡建锋，他专门陪我逛了颐和园、北海、郭沫若纪念馆、亚运村，那时亚运村刚刚修好，我们俩骑的自行车，来去非常方便，他还在家里做了北京涮羊肉给我吃，他那时住和平里地坛附近。我离开北京的时候，建锋用自行车把我送到地铁口，我说后会有期，我们就分手告别了。不想我刚回到成都火车站就把有关材料弄丢了，最可恶的是小偷把刘延东给我的批示和我的大学毕业证也一并偷走了，这样我的这次北京之行就一无所获了。回到大竹，县长荀必能安慰了我，并愿意赞助5万块钱，而我全部的经费则需要50万元人民币，我只有仰天长叹。

关于我的这次北京之行，我后来写了十首七绝：

京都十咏

其一　香山红叶

金红万点泼春山，白日东风斗玉关。

不作英雄花下客，望穿秋水是台湾。

其二　颐和园昆明湖

点染苍山化外工，停车坐爱古今同。
湖中明月入心醉，慈禧当年是女雄。

其三　长城八达岭

青云霭霭出雄关，虎踞龙盘未可攀。
阅尽人间无限恨，旌旗飞向大江边。

其四　明十三陵

库塘自在画中央，南雁高飞起大堂。
万历风流多罪孽，长埋地下泪汪汪。

其五　故宫博物院

万岁山前多壮观，长安回望笛声残。
南来北往千秋雪，一夜纷纷丰泽园。

其六　北海九龙壁

老人仿佛是神仙，一部《易经》随处看。
说到三皇五帝事，九龙壁上细心观。

其七 八宝山公墓

公主坟连八宝山，高坡红土尚称闲。
千回哀乐声声唤，一笑云霞顶上边。

其八 郭沫若故居

银杏几枝亲手栽，前身李白下瑶台。
乐山沫水千秋在，月动花飞有客来。

其九 中南海西花厅

张良奇算子牙功，谋略神州在此中。
二十六年名相业，辛酸说尽泪矇矇。

其十 毛主席纪念堂

秦皇伟业唐宗烈，汉武霸才宋祖德。
最是天骄志已成，江山终未变颜色。

（6）

在我为我的电视剧忙忙碌碌的时候，争上考取了浙江大学
硕士研究生，主攻方向是中共党史专业，但他的兴趣实在是太
广泛了，用他自己的话来说他是在为他的毕业论文打基础作准
备，比如他研究国旗国歌，他研究三大差别，他研究世纪末的

社会现象，他甚至研究电影艺术。他认为世界上的国歌，除少数如英国这样的君主立宪制国家颂扬君主万岁、国运长久外，绝大多数都几乎诞生在抗击外国侵略和本国封建专制统治的战争年代，因此单听歌名不一定知道是哪个国家的国歌，但从歌词中人们一定会明白它属于哪个国家。如"锦绣江山三千里，遍地花常开。大韩人誓死卫国，韩国屹立万代。""只要我们一息尚存，波兰决不灭亡。举起马刀杀退敌人，使我国土重光。"即使是《星条旗永不落》《马赛曲》，歌词也一目了然，"你看星条旗依然高高飘扬，在这自由国家，勇士的家乡。""前进，法兰西祖国的儿男，那光荣的时刻已来临！"美国国歌唱到了它的国旗，法国国歌唱到了它的民族，而我国国歌《义勇军进行曲》歌词虽短，却不仅唱到了中华民族，还唱到了我们民族精神的象征——长城。

　　而对国旗的研究，他得出结论是真正最美、最壮丽、最庄严的国旗，还是我们的中华人民共和国国旗，她只有两种颜色，既不繁复，也不单调，火红、热烈，喻义无穷。凝望着五星红旗迎风飘扬，誓以热血捍卫之的情感油然而生。他对缩小三大差别的理解是，我们民族文化素质的整体提高，是与祖国的繁荣富强同步的啊。而对于新世纪的看法，他特别欣赏胡耀邦的一句话："有些属于人类文化共有的东西，我们是逾越不了的。但是，现阶段不能达到的，不能说以后就不会实现。"为此，争上认为，几百年前马可波罗在元大都漫步，他看到的未必不会比今天北京人在纽约看到的更耀眼。法国曾经比英国落后几十年，法国后来赶上了；德国比法国落后几十年，德国后来赶上了；俄国比德国落后几十年，俄国也一度超过了德国。站在世纪末的窗口旁，我们看到的不是隔着玻璃的一点萤火，而是临照新世纪的灿烂曙色。

浙江大学坐落在美丽的西子湖畔，争上在这里迎曙色披霞光，苦读了三个春秋，写出了他人生壮丽的篇章。他的研究生毕业论文取得了丰硕的成果，以后收入他的学术专著《两岸观潮》，该书内容丰富，史料翔实，观点独到，文笔犀利，是一部关于两岸关系最具学术价值的政论文章。全书包括四个部分——海峡两岸关系在"文革"十年拐弯；斯大林与国共关系及台湾问题；毛泽东"一国两制"解决台湾问题的三次尝试；剪不断是离愁——中国特色的（国共）两党关系。除此之外，他在浙江大学还写了《历史也温柔；20世纪最有影响的十位中国女性》《山头与"二十八个半"》《采访毛岸龙》《国歌与第二国歌》《中国会不会迁都》《三次失败不遗憾》《与日为邻》《日本，日本》等极具学术价值的多篇论文。必须指出的是争上的学术文章既有政论文的特点，又有散文的风格，而且文笔老到，轻松幽默，既有学者的眼光，又有文学家的气质，可以说在一片八股文中另辟了蹊径，开出了绚烂的花朵。

当然，争上也不是苦行僧，他在浙江的几年也到处旅游，到处观光，走遍了浙江的山山水水，鲁迅的故乡，茅盾的故乡，以及徐志摩的故乡他都去过，至于西湖，他更是烂熟于心。甚至可以说，他的很多文章都是在西湖构思成熟的，他忘不了断桥烟柳，他忘不了三潭印月，他忘不了雷峰塔，他忘不了岳王坟。他也一个人独自远行，雪夜下黄山，他在黄山邂逅了外国和尚，他用不太纯熟的英语和日语与外国人交流，他仿佛遇到了知音，是的，争上的骨子里有孤独与冷傲，只有在知识与品位上才能与他达成共识。

第十一章　相聚蓉城

三弟争上

（1）

　　我在大竹县爱卫会办公室工作了一年就调到大竹县政协去了，具体工作就是做文史专干。在离开爱卫会办公室前，我到成都、昆明、贵阳去旅游了一下，是单位派我出去的，自然算公差。就到了云贵川三个省的省会城市去转了转。我参观了昆明的滇池、大观楼、西山龙门、聂耳墓、翠湖、云南讲武堂、朱德旧居，我在昆明八一广场久久徘徊，想到我的不成功，我就非常抑郁，尽管我是去旅游，但我的兴致似乎不高。在贵阳我去转了花溪，那时还没怎么开发，感觉也没什么好玩的。几年以后，我写了七绝《滇黔四题》：

其一　西山龙门杨升庵

状元那日谪西滇，泪眼婆娑望四川。
三国英雄今不在，血吟一曲临江仙。

其二　聂耳墓

北海滇池两可伤，苍天何事促君忙。
风云儿女桃花劫，当哭长歌年少郎。

其三　昆明大观楼

烟水江湖秋意浓，大观楼上数英雄。
先生如跃滕王阁，笔动山河孙髯公。

其四　贵阳花溪

一段伤心痛断肠，花溪曾是我家乡。
阳明山水非吾爱，夜夜孤魂到大唐。

我到政协工作也很偶然，一天，我在县委机关遇到宣传部副部长李阳华，他知道我在爱卫会不安心，就对我说县政协的文史专干冯裕梓马上就要退休了，叫我跟领导说说，调到那里去，发挥我的特长。我一听非常高兴，就去找了原来的组织部长，现任县政协副主席的周世明，周世明分管文史工作，听我说明来意马上就同意了。那时县政协主席是王国强，王也了解我，我在县整党办的时候经常跟他一起下去调研，于是我的调令很快就下来了。在别人看来我是爱卫会办公室的副主任，而到县政协做文史专干是降了，但我不这样认为，本身是同级，都是副主任科员，何况在爱卫会我发挥不出来，而在县政协搞文史就很有可能出成果，关键是我本人愿意。我去了之后，果然王国强和周世明很信任我，对我几乎是言听计从。我正准备做一件事情的时候，在县城十字街遇到县委党校的范藻，他说"胡跃先你可以编一本书，把大竹的历史好好捋一捋"。其实我早就有这个想法，听了范藻这样说，我更增强了信心。

但是大竹历史博大精深，浩如烟海，从何抓起需要论证，我考虑了一下决定就写新中国成立前后这一段，题目就叫"竹阳春晓——大竹解放纪实专辑"，因为我想到了孟浩然的诗"春眠不觉晓"，用以反映解放初的大竹最贴切不过了。领导也喜欢我这个选题，作为责任编辑，从整个策划到组稿、编稿、统稿我基本是一手完成，前言和后记也是我写的，甚至编委会组成人员都是我安排的，说明领导对我的重视程度。为了编好这本书，我代政协办公室起草了文件下发到各个单位，也就是征稿通知。与此同时，我还向一些老领导老同志发出邀请，请他们题词和撰写回忆文章，很快就收到了原大竹专区党委书记，现任云南省委副书记的高治国同志的题词——"拉朽摧枯雷霆声势驱残暴，扶危救困衽席人民庆太平"。原大竹县县长宋涛写了"自力更生，艰苦创业，发扬党的优良传统，教育子孙后代。"原大竹县委书记高洪恩写了"峥嵘岁月，青史流芳。"

我写的序言——《高尚的人应洒下热泪》以政协主席王国强的名义印在书的前面，其中有这样几句话最能打动读者——"有人说，用血铸造的历史是坚韧的，用泪铸造的历史是豪迈的，用生命铸造的历史是光荣而伟大的。因为血的历史蕴含着昂扬的战歌，泪的历史跳动着悲壮的音符，生命的历史翻腾着奋进的步伐……人们不会忘记，血火奔腾的岁月。人们不会忘记，风雷激荡的年代。人们不会忘记，水乳交融的时刻。"原中国人民解放军副总参谋长何政文撰写的《忆西南作战胜利后的决策》，老干部杨震东的《国防部挺进军总司令范绍增率部起义纪实》，陈斌的《大竹解放纪略》，和我父亲的两篇文章《敢作敢为者的理想梦》《往事追寻——记高滩场清乡情景》等绝大多数文章都很有可读性，深受大家的好评。

在我编辑《竹阳春晓》的间歇我写出了80句古风《铜锣招魂歌》，用诗歌的形式反映了大竹的历史，也收到普遍的赞扬，本来我想把它收入《竹阳春晓》，但考虑到我是责任编辑，怕人家说我谋私，遂作罢。

《铜锣招魂歌》是我的第一首长诗，也是我的第一首古风，反映了我的思想和才情。全诗如下：

铜锣招魂歌
——纪念辛亥革命80周年

辛未年10月10日，辛亥革命80周年，成诗80句，致祭于吾之先贤之前曰：

盘古开天诞竹阳，
二百年前叹茫茫。
铜锣奔腾走龙蛇，
竹海汹汹漫汪洋。
东山明月欲摩天，
西岭华鎣刺穹苍。
飞来黄城更雄奇，
悠悠白水好家乡。
可怜清廷丧国手，
铜锣破碎恨未休。
书生报国成枉然，
探花一去不回头。
大寨坪下有异人，
腹内雄兵早运筹。
只因中山一席话，
英雄崛起傅家沟。
先取垫江后取竹，
攻破达州攻巴蜀。
嘉陵江上炮声吼，
舞凤山前灭强虏。
遍地欢呼孝义会，
草木同春靖妖雾。
蜀北成立军政府，
先生让贤事简朴。
叵耐项城窃国柄，
党人从此多牺牲。

三路会剿铜锣山，
大寨坪上压黑云。
城隍土地皆恐惧，
绍伊从容退袁兵。
地方糜烂六十里，
先生下寨拯黎民。
杜鹃啼血君不归，
年年月月泪雨飞。
长衫军人肖德明，
讨袁护国鼓风雷。
早年留学扶桑岛，
同盟会里姓名垂。
手提三尺青锋剑，
铜锣呼啸天地摧。
八千子弟下巴东，
义旗高举灿若虹。
京华春梦难再续，
师长含笑看芙蓉。
主持财政经旬月，
不爱银钱两袖风。
华阳国里有高士，
陋室空堂困卧龙。
苍天辜负壮士心，
竹阳公园墓草青。
黄城寨上有知己，
此翁大名江三乘。

舌似利剑笔如刀，
剥尽总督赵尔巽。
铁镣加身血喷壁，
保路风潮显威名。
举人本是农家子，
墨痕处处关民时。
痛惜苛政猛于虎，
阅罢秋山泫泪滋。
刺贪刺虐刺奸佞，
伤心犹抱救国志。
少陵之后一千年，
黄城老人著史诗。
绍伊德明江三乘，
自古英雄事难成。
铜锣呜咽吞声哭，
梨树钟声倍凄清。
且喜湘潭指路灯，
竹阳新生庆太平。
烈士鲜血耀明月，
红旗飘飘上华蓥。
小子今年三十三，
半生糊涂似神仙。
偶读诗书知先哲，
血泪哭歌听杜鹃。
我把铜锣来招魂，
浩气重归天地间。

铜锣应遂苍生愿，

不教百姓泪阑干。

（2）

在《竹阳春晓》成书的过程中我获得了达县地区政协颁发的"文史资料先进工作者"荣誉称号，奖状是地委书记孟俊修亲自交到我手上的，我很兴奋，感觉我的好运就要来了。回到大竹，就接到武汉电视台导演邵德明的来信，他对我的《泪洒扬子江》很看好，叫我到武汉他那里去一趟，来信写了洋洋洒洒十多页，从主题到内容，到艺术形式，以及当前拍摄存在的难度都进行了论证。我去武汉的那天正是年关，大家都在置办年货，但邵导一家对我非常热情，不仅留我住了，还给我买了东西，还有布料，而谈话的主题仍然是叫我与当地领导搞好关系，争取地方出资把电视剧推出来，我一听又是老大难问题，但当时我不好拒绝，只有诺诺而已。

第二年10月；我拿着《竹阳春晓》这本书就到成都找工作去了，先后联系了几家单位都不得要领，我有些灰心了。这时杜小云的妹妹在青白江工作，我就到青白江区碰碰运气，结果我刚到青白江区委党校就碰到党校校长吴敦和。他看了我的简历，特别是我刚编的《竹阳春晓》，立即对我大生好感，他说："我们有编制，也需要你这样的人才，你家属我们也可以一同解决。"我一听高兴忙了，我在成都找了很多单位都说没有编制，现在编制不成问题，我还犹豫什么呢，于是就定了下来。在等调令的那些时间，我受四川省经委企业家协会邀请去写了宜宾红楼梦酒厂，我的题目是"万里长江第一酒"，这

152

是我的第一篇报告文学，以后又写了《烈火焚烧青衣江》《中国西部太阳神》等企业文学。1992年年底，我调到了成都市青白江区委党校，杜小云调到青白江区防疫站，我儿子胡为希则到青白江的一所小学就读。我的这次调动是一次跨区域调动，难度之大可以想象，但我却在短时间内完成了，而且是举家迁徙，自然引起大家的热议，但我自己明白，除了我自己的实力，与青白江不在成都五城区，竞争相对要小一些有关，所以我是喜忧参半。

在青白江工作不到一年，我就去四川省人民艺术剧院联系工作，我先写了一部三集电视剧《阿姨，你别走》，电视剧部的主任林祖耀很看好，他邀请我写了八场话剧《暴风雨前》。这部戏取材于李劼人同名小说，但内容我做了重大调整，我把《死水微澜》《大波》等很多线索都吸收进去了，在有省文化厅领导参加的剧本讨论会上，大家对我写的这个剧本很感兴趣，最后在上不上这个关键问题上僵持下来。一种声音认为，前有《死水微澜》的巨大成功，如果我们的《暴风雨前》不能超越，就有可能失败，而这种声音逐渐占了上风，我只有徒唤奈何。事后，省人艺院长席旦和林祖耀都深感遗憾，并安慰我等机会下次再上，而我的工作也搁浅了。

但我的心已不在青白江区委党校了，这年10月我就到了《晚霞报》，恰好这年是毛主席100周年诞辰，全国掀起了轰轰烈烈的纪念活动，我也写了一首长诗。写完之后我送到了《四川日报》副刊部，副刊部主任伍松乔很欣赏，但又告诉我"你这首古风写得很好，而且是100句，可见你的功力不一般。但我们发稿子除了写得好，还要照顾方方面面的关系，许多老同志都要来发，怎么办？"我听了心都凉了，立即去拜访了著名诗人、学者流沙河，他给我写了很多评语，其中特别强调"用旧诗写毛主席的一生，而且是100句，中间点缀若干高峰，读来引人入胜，实属不易。"他建议我向一些小报投稿，也许能够刊登，于是我向我家乡达县地区《通川报》送了一份，很快给我全文发表出来了，原诗如下：

中华百年歌
——纪念毛主席100周年诞辰

1993年12月26日，毛泽东主席100周年诞辰，成诗100句，敬献于伟大领袖之前曰：

> 记得乾隆下江南，
> 仙乐飘飘上紫烟。
> 中华文明数千载，
> 盛极之时有预言。
> 百年之后王者兴，
> 此人当出在韶山。
> 乾隆之语未可信，
> 且把古书作谬传。
> 忽闻海上枪炮声，
> 英军肆虐广州城。
> 则徐含恨走伊犁，
> 回眸不忍看南京。
> 条约签订六月雪，
> 中华从此遭沉沦。

太平天国英雄泪，
一曲悲歌万古情。
湖南才子谭嗣同，
铁板铜琶撞大钟。
戊戌变法六君子，
仰天长啸赴刀丛。
甲午风云方消散，
八国联军又逞凶。
慈禧乱国五十载，
多少冤魂哭秋风。
革命先驱孙中山，
推翻帝制解倒悬。
神州光复换新主，
万民期待腾九渊。
袁氏称帝窃国柄，
涂炭生灵更无前。
锦绣江山何处是，
杜鹃啼血问苍天。
韶山冲里有奇人，
胸中蕴藏百万兵。
指点江山少年事，
岳麓山下爱晚亭。
秦皇汉武一抔土，
唐宗宋祖安足论？
二十八画从兹始，
长剑萧萧班马鸣。

黄浦江边上海滩，
中华健儿聚此间。
要将乾坤重颠倒，
岂容魔怪奏管弦。
越秀山前讲习所，
国共合作开新篇。
众人皆醉君独醒，
未雨绸缪著先鞭。
介石发难诛农工，
润之谈笑掌兵戎。
秋收起义震霹雳，
井冈山上战旗红。
武装割据八百里，
大泽深山斩蛟龙。
一战功成四海惊，
鬼神皆服毛泽东。
王明学舌愧效颦，
五次围剿阵云深。
匣中宝剑无由出，
见龙在田困雄鹰。
被迫长征二万五，
可怜湘江父老心。
人生多难再努力，
踏遍青山报天明。
大军西指到贵州，
满眼生春遵义楼。

156

运筹帷幄操胜算，
四渡赤水搏激流。
主席立马望北国，
无限风光在前头。
秦川自古英雄地，
抖擞精神写春秋。
巨耐倭寇侵辽阳，
万里山河失春光。
精卫填海成讽刺，
介石燃萁煮豆忙。
大厦将倾谁能支，
主席挥鞭挽危亡。
八路牺牲多慷慨，
青春热血映斜阳。
抗战功勋百世垂，
老蒋姗姗下峨眉。
渝州谈判喜握手，
鸿门重开宴一杯。
黄土高原传捷报，
东北猛虎鼓风雷。
刘邓大军任纵横，
淮海呼啸泰山摧。
最是京门笑语欢，
和平解放花争妍。
香山红叶烂漫时，
把酒赋诗登天安。

山姆大叔妄称霸，

主席点将破楼兰。

百年华夏哀歌尽，

雄狮奋起昆仑巅。

一生伟业天下知，

每逢佳节忆当时。

长城万里今犹在，

喜看千秋壮丽词。

（3）

　　我在《晚霞报》只工作了两三个月就离开了，原因是报社高层发生人事变动，我本来是可以留下来的，但我不愿意卷入纷争就自动离开了。那么我到哪里去呢，这时我想到了《四川政协报》的老总魏秋菊，于是我在一个早晨拨通了她的电话，她还没有听我说完就马上叫我到她那里去。来接我的是《政协报》的副刊部主任陈代俊，魏总给我安排了一个寝室，是和他们的一个美编小黄住在一起，我当时心里暖洋洋的，本身就是数九寒天，我体会到的温暖就更是真切。《政协报》副刊部是非常强大的，主任陈代俊是作家，以后出版了文化散文集《发现李庄》，编辑田闻一，是著名作家，出版了长篇小说《张献忠》，我在那算资历很浅的，只是我的诗他们很认可，魏秋菊之所以要我，也是因为我的古典文学有一定的造诣，其他我没有什么。但是我有点心高气傲，在一次摆谈中我目中无人，对当时的文坛进行了评说，同时也涉及四川的一些情况，这引起别人的反感，认为

158

我是一个自大狂，不自量力。很快魏秋菊就找我谈话了，但我当时并没有认识到自己的不对，起码是不沉稳，只是觉得报社可能不要我了，于是就主动提出辞职，魏总很善良，叫我继续留下来，但我自己觉得无趣，就坚决离开了。

这时杜小云为了支持我在成都打拼，也留职停薪到成都来工作了，我们住在成都九眼桥老马路成都第四制药厂，杜小云在这里的一家私人诊所上班。那天我从《四川政协报》出来，天正下着小雨，争上从浙江大学研究生毕业了，刚好到成都来找工作，看到我那个狼狈的样子，也有点说不来的意味。我们留争上住了几晚上，帮他解决了住宿的问题，让他一心一意去找工作，很快他就调到成都体育学院担任政治课教师了，不久我也应聘进入到《华西都市报》。

《华西都市报》是中国的都市晚报之父，成为全国都市报的典范。我是首批全国公开招聘考进去的，而且名列前茅，高居榜首。《华西都市报》的老总席文举对我很赏识，叫我担任文化娱乐版的编辑，副总编奉友湘则是我的好朋友好领导，我在这里度过了几年稳定而舒适的岁月。我每天的工作就是把记者采访的稿件编辑和发排到文化版的版面上去，我记得由我编排的创刊号还得到过席文举总编的高度肯定，并号召大家向我学习，主管综合新闻部的奉友湘还把我评为第一年度的先进个人。那时上上下下对我都很尊敬和看重，不是喊我"胡老师"就是喊我"胡大哥"。《华西都市报》的待遇也是非常好的，我开始有存款了。在报社内部则是三顿饭都管完了的，还解决住宿。这个时候幸福梅林刚刚打造出来，我们报社也经常去光顾，我写了长篇古风：

幸福梅林

成都地气暖，
幸福有梅林。
清风夹古道，
红日照山岑。
浓荫遮茅舍，
香动小飞禽。
曲径马铃响，
黄狗吠树深，
梅花自含笑，
叶叶尽争吟。
群山多起伏，
临流抱江浔。
风雨廊桥路，
钟楼听鹂音。
画舫倚红玉，
吹梅度新琴。
百年感今昔，
万里霞光沈。
我来唯小饮，
山茶润清淋。
书卷长在手，
江山有故今。
朋友亦忘倦，

周遭访四临。

虽为农家女，

雅洁更难禁。

隔篱齐呼取，

春社古风侵。

我饮复长啸，

挥笔著诗箴。

西川留胜迹，

万木俱森森。

（4）

但是在胜利面前，我有些头脑发热，具体的就是我没有处理好文学创作与工作的关系。那时工作稳定，工作轻松，我没做到精益求精，而是把重心放在了业余创作上了。我开始了一百二十回本长篇章回小说《四川军阀通俗演义》的创作，大概写了一个多月吧，我就把初稿拉出来了，全书22万多字，出版社的编辑问我是怎样写出来的，我写了一篇文章回答了这个问题，现全文照录如下，用以说明我创作的过程和艰辛的程度：

说历史事　写身边人
——胡跃先创作《四川军阀通俗演义》趣谈

有人问我，一百二十回本长篇章回小说《四川军阀通俗演义》，你是怎么写出来的？一是历史相隔七八十年，二是军阀故事，三是众多的人物要汇总在一起，编成一个又大又好看的龙门阵谈何容易，的确不好弄。但我秉承古来写书的原则，三分真，七分假，即大的事件求真，大的人物求真，而一些小细节小人物则完全虚构。古典小说《三国演义》为我们开辟了好的路子，我们当然应该学习之，效法之，而我的体会则更具体，那就是——说历史事，写身边人。罗贯中没有生活在三国，也不了解曹操诸葛亮刘关张，但他生活在元末明初，特别是参与了农民起义，对战争有一定的了解，这为他写《三国演义》打下了基础。而我对四川民国史的了解主要来源于读书看电视上网，还有就是听老人讲故事，加之我出生在20世纪50年代末，经历了很多历史运动，比如四清、"文化大革命"、粉碎"四人帮"，不仅如此，我还下过乡当过知青，参加工作后我从事的职业也很多，学过医，办过报，教过书，编过杂志，走遍了全国二十几个省，也出过国，相对来说，人生阅历比较丰富，所以在我的小说里就有很多鲜活的故事，鲜活的人物，有的就是我，有的就是我的朋友，当然也有我厌恶的人物，我就这样把他们拼凑起来写进了我的小说里，虽然还很粗糙，但已经完整地讲了一个故事，一个四川军阀的故事。从中你会感受到旧四川的风土人情，老军阀的恩怨情仇，许多重要人物正叱咤风云而来，而军阀艳情也将为你展开。

也有人问，《四川军阀通俗演义》人物众多，而且很多名字不好记，这是为什么？比如刘湘，又叫刘甫澄，刘文辉，又叫刘自乾，杨森，又叫杨子惠，邓锡侯，又叫邓晋康，王陵基，又叫王芳舟。这是因为以前的人很讲究，特别是有文化的知识分子，一般都有两三个名字，一个是名，一个是字，一个是号，比如毛泽东又叫毛润之，周恩来又叫周翔宇，朱德又叫朱玉阶，刘伯承又叫刘明昭等等，而且往往自称名，不称字，外人则不称名，而称字，以示尊重。我们的小说是写的旧社会的事情，当然就有旧的风俗，旧的礼仪，其实你稍加注意就清楚了，不会搞错。比如曹操又叫曹孟德，诸葛亮又叫诸葛孔明，岳飞又叫岳鹏举，这些大家都很清楚，我们的小说人物虽然众多，名字也很多，但你只要用心也一定记得清楚。刘湘、刘文辉是叔侄，都是大邑安仁镇的，刘文彩是刘文辉的五哥；刘湘、杨森是四川陆军学校同学；刘文辉、邓锡侯是保定军校先后同学；王陵基是日本仕官学校毕业的，是他们的老师。他们五个人被称为金木水火土五大军阀，这是因为他们的名字中含有五行，比如刘湘就是水，杨森就是木，刘文辉就是火，邓锡侯就是金，王陵基就是土，聪明的读者一看就明白了，他们之间相生相克，总共在四川闹腾了几十年，直到1949年共产党建立新中国，才被刘伯承邓小平贺龙一一收服。须知五十年的历史，从辛亥革命推翻清朝写起，直到四川军阀的兴起兴盛，到衰落完结，不一一写来实难窥其全貌。可以这样说，你看了一百二十回本长篇章回小说《四川军阀通俗演义》，你就知道了四川的民国史现代史。

还有人问，你写《四川军阀通俗演义》是为军阀树碑立传吗？答案是否定的，套一句古话就是春秋无义战，何况是军阀战争？熟悉中国古代史的人都知道，春秋战国时期天下纷争，四分五裂，礼崩乐坏，大家你争我夺，根本没有正义可言。三国时期曹操、刘备、孙权也是这样，为了争夺江山和一己之私利，彼此之间也是争得冤冤不解，混战了一百多年。罗贯中也不是为三国时期的军阀树碑立传，而是记录历史，演绎智慧。历史到了20世纪中叶，大清朝垮杆了十几二十年，中华大地上继续上演着春秋战国和三国时期的混战局面，光四川一地就是几十上百个军阀，最大的有刘湘、刘文辉、杨森、邓锡侯、王陵基五大军阀，他们割据一方，称兵作乱，都是为了称王称霸，与人民幸福毫无关系可言，因此作者秉笔直书，据史写来，嬉笑怒骂，皆成文章。目的是告诉大家一段历史，一些故事，用四川话说就是给大家摆摆龙门阵。短篇小说看情绪，中篇小说看故事，长篇小说看人物命运，作者本着这个原则，把四川军阀演义出来，大事不虚，小事不拘，带你走进四川民国时期的社会百态，了解军阀们的多面人生。比如巴壁虎刘湘的大智若愚，多宝道人刘文辉的聪明狡诈，好色将军杨森的荒淫无道，水晶猴子邓锡侯的机敏善变，灵官菩萨王陵基的凶神恶煞等都将呈现在你的面前，为你茶余饭后增添一点谈资，如果你笑了乐了，那作者的目的也就达到了。且慢，章回小说还得一回回地看，你才知道其中的好坏，否则作者就是王婆卖瓜，自卖自夸，请好吧，你呢！

第十二章　北走京华

三弟争上工作照

（1）

　　我在一年中创作了一百二十回本长篇章回小说《四川军阀通俗演义》，又写了十多万字的中篇小说新乡土文学《黄城寨下》和文言小说《续黄城寨下》，除此之外我还创作了散文随笔《关于〈金瓶梅〉〈红楼梦〉的断想》。我准备把这些作品联同我的几个剧本编成一个集子，定名为《翡翠轩漫笔》，某出版社也答应跟我出，编辑都编好了，但是社长不同意，说我乱写，为此我还与那位领导发生了不愉快。出书的事情就这样夭折了，我很压抑。本来四川省作协的副主席兼《当代文坛》的主编，著名文艺评论家，茅盾文学奖评委何开四还说等我书出了就介绍我加入省作协，这下全泡汤了。加之我搞业余创作也一定程度影响了我的本职工作，《华西都市报》的领导对我开始有意见了，发展到最后对我的工作进行了调整。我整天无所事事，没有归属感，心情更是不好。

在我事业处于低谷的时期，我的弟弟胡争上却迎来了他事业的上升期，他从成都体育学院正式调到了《四川农村日报》，做副刊编辑，他给了我一些帮助。还在他没有进报社之前，他就叫我到成都体院去上过课，我也没有准备，我就骑着自行车从成都九眼桥到武侯祠的路上边走边想了一个专题《世纪末，现代化与我们的人生价值》，我讲了两个小时还意犹未尽，收到了很好的效果，他们的教研室主任也来听了，对我非常肯定。争上到《四川农村日报》后也多次发表我的文章，用以鼓励我，给我一些安慰。那时《四川农村日报》的副刊部主任是刘宏宇，刘宏宇看了我的《四川军阀通俗演义》很感兴趣，迅速做出决定，要连载我的小说，最后以"范哈儿那一帮帮人"为题，连载了十篇。

争上业务能力很强，又为人谦虚，尊敬领导，团结同志，上上下下一派祥和的气氛，因此事业顺风顺水。他先后采访了很多名人，写了大量的新闻、特写、报告文学，计有《由〈泰坦尼克号〉想开去》《观电影〈红色恋人〉有感》《影片〈长征〉再创许多第一次》《英俊老生于魁智》《走遍"东西南北中"的朱军》《敬一丹蓉城倾听〈声音〉》《书市上见程前〈本色〉》《王冀邢为主旋律"感动"》《听李伯清"散打"》等几十上百篇。争上是开朗与腼腆的，即便是文字也是开朗与腼腆的，有些

166

文章是对一些文艺人物的采访，他感兴趣的也是这些明星的幼年生活，少年心事，他们为什么成功，而自己为什么不成功，答案很模糊。他看明星自己出的书也很模糊，但他能感受到明星也是开朗与腼腆的，生活中大多数人都是开朗与腼腆的，所以争上后来出散文集，就把集子定名为《开朗与腼腆》。

争上在《四川农村日报》副刊部为自己开设了一个栏目，叫《江山独行》，发表了他大量的颇见功力的游记、散文，计有《去喀什》《内蒙古之旅》《在天堂里读书》《四川四方》《驿路旅情》等多篇文章，很多人看了都大加赞赏。有位《四川农村日报》的资深编辑回忆说，以前他也写一点散文，但是看了争上的文章就不敢写了。这虽是谦虚，却也可见争上的文章已具有了相当的水平，因此他被四川省作家协会吸收为会员。而他主编的《四川农村日报》副刊《蒲公英》也在省内外享有盛誉，著名作家马识途、流沙河、杨牧、何开四、阿来都给予了极高的评价，流沙河等人还为副刊题了词。

在争上事业处于上升的时期，家里面却在为他的个人婚事着急，因为这时他已经是将近四十岁的人了，但他仍然是个乐天派，对自己的事情一直都看得很开。这时，我的本家侄儿胡建锋给他介绍了一个亲戚给他，这个女孩样儿清纯，气质很好，两人也处了一段时间，但最后还是没有结果。本来我的父母还很看好他们的姻缘，把给女孩的礼物都准备好了，但却没收到预期的效果，我父母为此非常伤心。他们之间到底因何分手，争上一直没说，始终是个谜，但有一点可以肯定，争上是一个独身主义者，也是一个完美主义者，所以他的婚姻就不可能有什么结果，这是注定了的，也是其他人无法理解的。

（2）

在我处于低谷的时期，四川省人民艺术剧院的林祖耀老师又找到我了，他请我写一个关于军阀与妓女的题材，我答应他了，一共二十集，剧名叫《成都官妓》。这个剧以中华人民共和国成立前的成都为背景，跨越北伐、抗日战争、解放战争几个时期，写了乱世里的悲情儿女，既有军阀，也有妓女，既有达官贵人，也有平民百姓，是一部成都的乱世风情画。我大约用了十天的时间就把剧本梗概写出来了，林老师看了很满意，给了我稿费，而且数目不少，我很高兴。在此之前我已在成都买了房子，有了自己的窝，本以为可以安居乐业了，哪晓得天有不测风云，人有旦夕祸福，我的家庭出现了问题，不得已我只有远走他乡，另谋发展。我走的那天争上来送我来了，他请我吃了火锅，还给了我1000块钱，我的侄儿胡彦殊此时在四川师范大学读书也来送我来了，我感到亲情的温暖。

我买了一个大皮箱，装了我的随身穿的，其他就是我的书和手稿，这是我的命根子，我到任何地方都不能丢的东西。我选择了上海，从成都出发到上海的火车很挤，那时没有动车，为了节约我坐的硬座，走了两天一晚才到达目的地，我一身都散了架。虽然如此，但我仍然信心百倍，争上说上海人排外，但我毫不介意，一副志在必得的样子，而且我有我大哥借给我的5000块钱做资金保障，我想我没问题的。但是到了上海我才知道找工作的艰难，一是我没有任何证件，我在《华西都市报》并没有评职称，加之我是编辑，是做幕后工作的，完全是为他人作嫁衣裳，这些是无法为我证明的；二是我心高气傲，一般的工作我看不上，我眼睛里盯的都是大单位，选择的范围有限；三是我年龄偏大，不符合年轻化的标准。总之我低估了形势，高估了能力。

我在一天天等待和焦虑中过日子，南京路我已去过多次，苏州河我也去过多次，甚至黄浦江和外滩我都非常熟悉了。我差不多每天都要到外滩去转一转，凝望着那里的一切，我的心绪异常地波动，我很想登上东方明珠塔去鸟瞰上海全景。但我身上已没有多少钱了，我必须精打细算，在百无聊赖中我成了新华书店的常客，我每天在那里读书，我一边读书一边等待招聘的消息。要到年关了，我终于等到一个家教的约谈，这样我成了一个富翁家的家庭教师，老板叫张建川，他夫人姓许。我的主要任务就是辅导他的年仅10岁的儿子的历史课，应该说待遇不菲，还解决吃住。这样我在上海暂时有了一个落脚点，但我的心里是躁动不安的，因为我是借屋躲雨。我在徐汇区张建川给我安排的住处，写了我的《七绝·上海八首》：

其一

来去匆匆未有机，犹吟井水照人稀。
忽然听得莺啼啭，惊破巫山断别闱。

其二

翠绿千竿斜日外，小园春水雨迷离。
江南风景时时好，拣尽寒枝何处悲？

其三

一颦一笑芙蓉里，花落花开山色中。

梦境才逢窗下见，烟霞又叹化清风。

其四

半点樱桃带露开，浓阴一片我曾来。
谁知昨夜西风紧，满眼争看旧漉台。

其五

梨花开处响金乌，小院香深入玉壶。
最是伤心春夜月，流连不肯过西湖。

其六

一女嫣多有木乔，芙蓉花谢尽风凋。
多情笑我空空许，未步良辰向碧瑶。

其七

半江渔火到长沙，幽梦几帘照晚霞。
独立寒窗情不适，春申江畔泣秋花。

其八

人间四月花如锦，一树当开日日新。
但得甘泉勤自灌，白云出岫赏高椿。

但是我不同意张建川的教育理念，他的儿子的学习完全与学校脱节，完全家庭化，他除了聘请我担任历史课教师，还聘请了其他人教语文、数学、英语等，在一次他请我吃饭的时候，我阐明了我的观点。我承认他很有钱，但是孩子的教育完全脱离学校，脱离社会我不赞同，这下引起他的不满，他虽没有赶我走，但明显有些疏远我了，于是我在一个黄昏不辞而别。正在我彷徨无计的时候，我发现了上海现代领导杂志社的招牌，于是我找到了总编倪安和，倪总问了我一些情况就跟四川《华西都市报》的老总席文举联系，大概就是电话调查我，一会倪总就决定用我了，但是只作为编外人员，即只是跟他们写稿，拿稿费，其他待遇没有，我想这大概就是试用吧，总比当家教强，于是没有讲任何条件就答应了。

我在上海现代领导杂志社采访了很多领导和企业家，有两篇稿子还被编入《希望的热土》这本报告文学中。上海虹口区委组织部部长孔祥瑞、上海徐汇区某街道工委乔书记、上海青年报副总编徐世雄、上海人民艺术剧院的院长杨绍林都给予了我经济上的资助，这些我都终身不忘。我与杨绍林的认识也很偶然，那天我到上海人艺去找那里的创作研究室，碰到刘主任，我简单的摆了几句我的情况，也谈了正在上演的反腐题材电影《生死抉择》，两人谈得很投机，彼此留了电话。第二天早上，我在旅馆就接到了上海人艺院长杨绍林的电话，他叫我去一趟，我顿时欣喜若狂，感到可能我的时运来了。杨绍林是内行领导，演员出身，主演过电影《陈赓脱险》，他看了我的东西很感兴趣，然后转过话题叫我重新写一个话剧剧本，题材由我自己定，走的时候他给了我500块钱。

在回旅馆的路上我就锁定了一个剧名《大唐诗人白居易》，我想通过白居易的一生反映他的旷世诗才、反腐倡廉、为民情怀，以及他的风流佳话，一共八场。是的，在唐朝时期白居易的名气是要高过李杜的，而他的官职也要高过李杜大半截，他做过刑部尚书、太子太傅，领导和推动过诗歌革新运动，而他的长诗《长恨歌》《琵琶行》是千古绝唱，无人能及，所以千百年来白居易被称为诗魔。主题确定了，我的心情格外开朗，于是奋笔疾书，只用了一个星期就写出来了。但是，我这一次又太乐观了，杨绍林看了剧本觉得有些台词太尖刻了，认为在当时要上演可能有些忌讳。

这时我的钱也不多了，我分别向林祖耀和杜小云发出了求援信，很快他们都分别给我寄了2000元，在此之前我父母也给我寄了2000元来，加上我兄嫂借给我的5000元，以及上海方面的资助，我实际上在上海的一年中已经花了一万多元了，每日里坐吃山空，我差不多有些支持不住了。一天，我又在新华书店看书的时候收到了我弟弟胡争上的呼叫，原来他到上海接我来了。兄弟相见本来应该异常高兴，但我却十分尴尬，因为实践证明我的上海之行失败了，我只有承认现实打道回府。离开上海的前一天，争上带我去参观了东方明珠塔，而我登上塔的那一瞬间却是百感交集，别了，上海，别了，我的淘金梦！

（4）

我离开青白江党校8年，如今又回来了，我与杜小云的20年婚姻也结束了，现在我是孑然一身，此时我的儿子胡为希已考起大学，时不时来看我一下，其他可以说是门可罗雀。想起我的大半生，想起我的半生漂泊，我忍不住凄然泪下，于是我在青白江党校的陋室里，写下了一篇杂感：

中国，21世纪向何处去？

——跃先先生自序

中国，21世纪向何处去？无疑是当代中国一个划时代的重大课题，以至于我们今天谈到这个话题仍不能不感到苍凉幽怨，异常沉重。此一课题毫不夸张地说应该是思想家们考虑的事情，然而中国缺少思想家，尤其是重量级的思想家，从而大大延缓了中国现代化的进程。思想家者有别于艺术家之处，乃在于以急风暴雨、摧枯拉朽之势荡涤整个社会，进而影响人类社会的发展进程，而艺术家则多以晓风残月、润物无声之溉，潜移默化，陶冶情操，从而促进社会的整合与协调。如此看来，思想家其功厥伟，固万世之雄哉。甚以，其实不然。中国五千年来思想文化界的先驱可谓多矣，而其中独领风骚者屈指可数，大多乏善可陈，与西方诸国哲人智士相较则不能不黯然失色。其致命之处乃在于数千年来思想家与政治家们的言行不一，口是心非，坐而论道，缺少事功。理论和实践的二元悖论导致中国文化的畸形发展，中国人人格意识的相互矛盾及其与整个社会的尖锐冲突终于孕育了迟滞中国长达二千余年的封建文化这一怪胎，从而为21世纪的中国投注了太多的阴影。

孔夫子周游列国，汉武帝独尊儒术，千古神奸曹孟德不拘一格选人才，百代变法之师王安石力倡改革，虽有匡时救世之才，然终不过是功臣功狗，难逃一个假字，最后声嘶力竭，其功甚微。等而下之者为帝王作圣经，作贤传，歌舞升平，涂脂抹粉，从而引发社会之大悲剧，国破家亡，生灵涂炭，真正能够闪烁出智慧之光的思想家、政治家则寥若晨星。其间宵小之徒，居间卖弄，欺世盗名而自称为尧舜之君者则又引为知己，推为股肱之臣。政治家们和思想家们高踞宝座，大谈玄学，只是苦了天下苍生。"峰峦如聚，波涛如怒，山河表里潼关路。望西都，意踟蹰，万千宫阙都成了土。兴，百姓苦，亡，百姓苦。"元人张养浩一曲《山坡羊》，更是道出了这些所谓的思想家和政治家们给五千年中华文明带来的深重灾难。可谓触目惊心，痛彻肺腑。

明清以降，假道学、假圣贤更是大行于天下，严重阻碍了社会的发展及其与西方诸国的接触，思想禁锢，几成荒漠，吏治腐败，贿赂公行，社会淫靡，国防废斥。山河破碎风飘絮，身世浮沉雨打萍。李龙湖欲以啼血之哀而挽大明江山，林则徐欲以粉身之痛而救中华沉沦，终至大厦将倾，独木难支，泱泱古国被远远地抛在西方列强之后，进而匍匐在地，不敢仰视，仁人志士为之痛哭流涕，热血男儿为之慷慨悲歌。

所幸者也，新中国五十年来经过几代人的艰苦努力，思想文化呈现出百花齐放，百家争鸣之势。然而，旧思想旧文化旧道德旧风俗根深蒂固，未能尽绝，近之亦有死灰复燃之势，表现在政治上、经济上、文化上、科学上、法律上、文艺上、教育上、理论上、国防上、外交上等领域，影响巨大，不可小视。"山外青山楼外楼，西湖歌舞几时休。暖风吹得游人醉，直把杭州作汴州。"宋人之诗殷鉴不远，每一个有良知有责任感的中国人难道不应该为之警醒，做一次透彻的思考与反省，庶几则个人幸甚，天下幸甚！

21世纪的中国到底应该向何处去？先人们未能给我们留下

现成的答案，伟大如毛泽东、鲁迅者亦未能给我们留下超越时空的灿烂绝响。鲁迅是思想家，但严格说来其思想尚未形成完整的体系，大多散见于文学论著，尤其是杂文之中，这是鲁迅的悲哀，亦是全中国人民的悲哀。毛泽东睥睨千古，横扫一切，然其晚年亦不能不发出关山难越之悲，英雄迟暮，壮志难酬，所以后来人一声感叹。

余不愿鹦鹉学舌，亦不愿鄙薄古人，只是有感于人心不古，世风日下，乃发之于文，率尔成操觚之什。虽不敢为往圣继绝学，亦有为生民倡正义之思。此心耿耿，天日可鉴。然则，中国，21世纪向何处去，这一重大课题何其宏伟，何其壮丽，岂是我辈后生小子敢于置喙的，即使有丝丝缕缕的真知灼见，亦非一日之功所能成。

余老迈，四十有三，因此愁城，孤陋寡闻，洞中才数月，世上已千年。恐一己之言未抒，则明日之黄花已现，岂不可叹？虽然，骨鲠在喉，不吐不快，有一念之想，即当就教于衮衮诸公，终不敢独享，正所谓天下兴亡，匹夫有责也。谨此数言，聊为之序。

西蜀后生胡跃先谨志于2002年1月24日，辛巳年腊月十二，成都青白江党校松竹轩。

是的，我还有希望，我还有梦想，对国家对民族，对我自己我都没有放弃，我当收拾过往，继续前行。还是在那间陋室，我写了一首长诗，也是我这一生最长的古风：

峨眉山月歌　天下之胜在嘉州哀呈沫若

公生于1892年，于今已110周年矣。天下多事，而公文章光焰万丈，历久弥新，遂作峨眉山月歌哀呈于公，借李太白之神韵，发千古文人之牢骚。如有冒渎，乞公鉴谅，西蜀后生跃先谨序，时在2002年1月18日辛巳年腊月初六。

天下之胜在嘉州，凌云山水壮君游。西蜀自古多圣手，谁敢一揽大江流？相如卖卜临邛道，东坡天涯作楚囚。最是匡山读书处，英雄涕泪已千秋。公也年少属望轻，名士风狂忤群伦。成都将军多好色，先生笑骂著奇文。乐山沫水行不得，长啸一声出夔门。峨眉山月照巫峡，回头猿鸣已三声。博多湾里月孤凄，万里间关人独立。海风吹来天外客，中国少年成痴迷。无何高阳路难寻，几回春梦向人泣。巫山神女今安在，翩翩公子当所依。白露为霜蒹葭苍，东瀛有女多温良。举案齐眉寻常见，才子佳人红袖香。绝妙文章传海内，女神诗篇万丈长。都来总成三叶集，白华田汉郭鼎堂。富春江上出奇才，卿云烂漫动地哀。栏杆拍遍无余子，醉酒酣歌泪满腮。一日松原风怒号，披褐吟诗走荒台。先生尔时亦寂寞，从此英雄遇惊雷。创造洪水掀大风，春申江畔舞彩虹。沫若达夫三剑客，搅得周天战几重。忽来西湖有西子，惹得诗人诗意浓。梅花树下吊红艳，万古伤心一情种。女神本是梅花瓶，骨格清奇涵养深。氤氲缭绕多憨态，相夫教子最情真。闻道西湖有红杏，泪落西窗吴江泠。先生到底英雄量，记得多少儿女情。南国烽烟漫中华，铁肩道义处处家。辣手文章逞一快，地北天南颂奇葩。枪声再起南昌郡，兵书汗马响镗嗒。扬鞭催趁月明下，又偕红粉话桑麻。十年征战几人归，海国仙山坐翠微。写成优美甲骨文，声光灿烂尽朝晖。可怜女神心骨悲，一人拼得全家醉。难得周旋门外雪，风口浪尖树峨眉。家国罹难去匆匆，牵动先生泪眼红。不忍惊醒小儿女，只把女神深深拥。热泪凝成报国志，垂首江山路未通。自古文人多磨难，哭向苍天几人同。巨舰奔流发浩歌，先生兼程走汨罗。连天烽火国殇日，潇湘夜雨正滂沱。多亏红粉小娇娘，一路相牵少折磨。谁家女子者般爱，于氏立群起仙鹤。山城重庆国有光，战地黄花夜来香。一出屈原多少泪，千古文章热衷肠。公也屈原写屈原，立群自是美娇娘。更有年少夏浣淳，棠棣之花射苍茫。何乃慈母去太早，如今先父又去了。沙湾古镇少行人，绥山馆里哭声绕。缘何情种多不孝，试看先生泪痕稿。字字读来都是血，峨眉山月共比高。再与达夫兄弟情，高山流水两知音。不幸达夫穷途死，风流云散几暂分。把泪和墨五千言，如泣如诉哀感人。长歌当哭未若是，痛彻肺腑推使君。正值甲申三百年，先生挥笔作奇传。钩沉提要说新义，铁马秋风照人寰。幸有知己愿明教，万山红遍醉酡颜。郭老大名垂宇宙，流光溢彩万人看。别样风流蔡文姬，传神写照最凄迷。想是忆起东瀛女，四十年前好夫妻。松原树下共月色，博多湾里共潮汐。一年三百六十日，安危全凭贤伉俪。文姬婵娟姐妹花，千古骚人一例夸。但得夫妻长相聚，人生欢乐应无涯。

　　这年五四青年节，北京中国现代文学研究会在中央党校举办了一个文学讲座，邀请我参加了。我把我的诗稿打印成册送给了与会代表，受到大家的好评，与此同时我还专门送了一册给郭沫若纪念馆，郭老的女儿非常感谢，并颁发了收藏证。会议期间，我也拜访了一些亲友，胡建锋和孙雪冰还请我吃了饭。我是第二次到北京了，除了上次参观的一些地方，我又参观了北京大学、清华大学、圆明园，而且这次我还专门登上了天安门城楼，此时我心潮澎湃，神思飞越，当天晚上，我在我外侄女孙雪冰的家里一气呵成了十首歌词：

《江山独行》歌词十首

序曲　五千年

五千年的河山，

五千年的梦，

五千年的爱恋永在我心中。

五千年的冷月秋霜，

五千年的万里冰封。

五千年寒光照铁衣，

五千年春花笑吐虹，

五千年的沉舟侧畔，

五千年的乌啼晚钟。

五千年的西风瘦马，

五千年的鹰击长空。

五千年哟，多少行人泪，

五千年哟，多少大江东。

五千年哟五千年，

我的华夏赫赫文明风。

之一　英雄泪

什么叫英雄？

什么叫豪杰？

问一问天下苍生你才最明白。

昨夜的黄花，

今日的落叶，

染红了多少志士的鲜血。

秦始皇一统天下，

成就了千秋霸业。

诸葛亮六出祁山，

留下了雄风遗烈。

到而今一篇读罢头飞雪，

只剩下黄河扬子浪千叠。

多少英雄泪，

万古永不灭。

英雄啊，

莫悲切，

看明朝长空雁叫霜晨月。

之二 女儿魂

孟姜女哭长城哭出了一个故事，

绝代双骄谱写了多少中华的传奇。

都说是楚霸王力拔山兮，

怎敌他乌江岸美人的血迹。

一去紫台的溯漠，

唤不回晚来风急。

可怜飞燕的新妆，

遮不住霸陵伤别。

一曲长恨歌，

千秋血泪滴。

且莫说感天动地的窦娥冤，

更有那击鼓战金山的梁红玉。

蝶恋花飞飞满天，

泪飞顿作倾盆雨。

女儿啊，

莫悲啼，

你托出了千秋景仰，

光彩照人的大红旗。

之三　北京风光

香山红叶飞红叠翠，

昆明湖水流花照水人，

天坛回音壁回出了千年的绝响，

中南海飞出了美妙的歌声。

遥想当年，

契丹的铁骑圈出了一个都城，

金朝的琼浆玉液孕育了首都的先民。

忽必烈的浩荡雄风，

裹挟住了多少中华健儿的万古豪情。

啊，北京啊，北京，

卢沟桥的晓月记录下你岁月的沧桑，

圆明园的雕栏玉砌洒下了你太多的泪痕。

而你却朱颜不改，
风华绝代至美纯真。
听，湖面上的凉风
吹奏出牧童的短笛，
看，天上的流云飘动着
神仙一样快乐的人群。
还有那新中国的儿童，
正朝着新千年狂奔。
啊，北京啊，北京
你是庄严的楷模，
您是和平的象征。
啊，北京啊，北京，
我们祝福您
永远漂亮，
永远年轻。

之四　巴山小调

阳雀叫唤李桂阳，
邻家的妹儿穿件花衣裳。
冬天的太阳暖洋洋，
妹儿啰，你在流泪为哪桩？
半夜里来秋风凉，
想起哥哥泪汪汪。
妹儿啰，莫痴想，
哥哥现在工作忙。

哥哥哟，不是妹儿太痴想，

只因为你在外面经历着雨和霜。

阳雀叫唤李桂阳，

半夜里来秋风凉。

隔山隔水永相望，

妹儿啰，你要好好照看爹和娘。

若要问哥哥我何年何月才得归，

明年春节回家乡。

万水千山游子意，

想起我妹妹哟痛断肠。

之五　上海民谣

南浦大桥连接着虹桥国际机场的灯，

东方明珠塔衬托出外滩的风景。

清晨的落叶飘洒下欢乐的歌声，

热腾腾的豆浆弥漫出油条大饼。

走遍天下忘不了这里的身影，

石库门里珍藏着多少乡音乡情。

潮涨潮落的黄浦江哟，

你翻腾着多少奋斗者的足音。

丁香花开美丽如梦，

流光溢彩春风怡人。

啊，上海啊，上海，

你前进吧，你飞奔，

您是乘风破浪的雄鹰。

之六　西湖胜景

山外青山，

白雾绵绵，

西子湖上飘起了道道青烟。

晓风残月，

冷落霜天，

好一派婀娜多姿的杨柳岸。

秋风秋雨愁煞人，

雷峰塔下埋藏了多少可人的婵娟。

白娘子的传说如梦如幻，

断桥上至今仍站立着泪眼凄迷的许仙。

三潭印月，

渔舟唱晚，

梅妻鹤子狂歌长啸在孤山。

江南好哟，

最忆是西湖。

日出江花红胜火，

春来江水绿如蓝。

之七　庐山春雪

登上庐山的那一天，

洒下了漫天大雪。

满树的银装素裹，

装点出南国春色。

横看成岭侧成峰，

苏东坡遥望长天壮怀激烈。

四面江山来眼底，

万家忧乐同心结。

叹只叹，

仙人洞中的千秋遗恨，

化作了杜鹃啼血。

悲啊悲，

不识庐山的人们仍痴迷在残碑断碣。

蓦然回首，

小桥流水人家，

那才是人世间最壮美的景色。

之八　长城落日

长城，长城，

你这金瓯缺，

千百年来赢得了多少好颜色。

五岳三山来朝拜，

万里金汤逊你三分白。

敕勒川，阴山下，

八达岭上但看您红旗猎猎。

大漠孤烟直，

长城落日圆，

流遍了多少郊原血，

恨不能把你裁为三截。

喜今朝，

北国江南歌大好，

长城内外同凉热。

神州好儿男，

洒泪祭雄杰，

要让那英雄的诗篇

千秋万代光不灭。

之九　东海观潮

东海之滨，

太平洋上伫立着一个大中国。

百年风雨，万顷波涛，

磨不掉你青春的本色。

看那岸上的桃花，

盛开在万水千山，

何等轰轰烈烈。

李白乘舟将欲行，

忽闻海上踏歌声，

那里有横渡大洋名垂青史的千秋俊杰。

啊，中国啊，中国，

您豪情万丈！

您光华四射！

第十三章　澎湃江河

作者父子三人于成都武侯祠

（1）

在我最萧条最落魄的时候，我最亲爱的母亲黄达蓉先生也因病去世了，也就是说世界上那个最关心我、最疼爱我的人不在了，这时我的弟弟胡争上又一次向我伸出了援手。此时他已调到《四川日报》副刊部工作，做天府周末版的责任编辑，他在一年当中给我发了三篇大文章，一是《文学双星——沙汀与艾芜》，二是《中共才子田家英》，三是《成都解放大事记》，与此同时，成都市委党校学报也给我发表了几篇学术论文，其中最著名的是《两个悲剧人生——高觉新与汪文轩人物性格之比较》，以上这些文章都在社会上产生了一定的影响，我的单位对我的印象也明显改善了。在相对平静的生活里，我想起了我的母亲，于是我写了一首词：

蝶恋花　清明节忆母

一去红尘诸事了，百转千回，多少无情恼。犹记当年花影照，门前流水轻轻绕。十载春秋音讯少，万里关山，难觅旧时貌。我欲问天天不晓，馨香一把青青草。

我的父亲、兄嫂、弟妹，以及我的子侄男女看了都很感动，是的，他们对我的帮助终于又看到了新的希望。在此之前，我对我自己做了一个总结，编印了一个《胡跃先自订年谱》，有一万多字，我本来是一个无心之举，但出人意料地收到了效果。成都市地方志办公室主任马开钦看到了，马上决定把我借调去了。我在市地方志办公室主要负责编撰成都大事记，工作不算累，但我不会打字，马主任亲自安排人帮我打，这使我非常感动。

一天，我正要下班的时候，在电脑上收到一个信息，有位女士要见我，彼此还传了照片，我一看这女子面容姣好，可称佳人，于是决定与她见面。我们约定在成都人民公园碰头，当我在公园门口伫立等候的时候，一个中年妇女从我身旁走过，我眼前一亮，就互相通报了姓名，原来她姓廖，单名一个琦字。我见她与照片上的模样差不多，衣着时尚，谈吐不俗，一看就是精明强干之人，当下便初步确立了关系。

以后又通过几次见面，我对她更了解了，原来她是重庆人，父母都是离休干部。她的母亲饶雪是重庆立信会计学校毕业的，还获得过江津地区珠算第一名，她的继父是地下党，参加过合川金子沱起义。而她本人也很曲折，重庆商校毕业以后，走南闯北，到过北京、上海、苏州、无锡，也算见过大世面。更主要的是我们彼此都走过了一段坎坷的岁月，有共同的遭遇，思想上有共鸣，更难得的是她的字非常漂亮，柔中带刚，非常潇洒。我们相处了半年就结婚了，她的儿子曹潮在读大学，平常就我们两个人，所以生活上也很简单，但我们却很悠闲。她鼓励我学会了打字和编辑文章，使我在工作上如虎添翼。我们一起到了江油李白故里去参观，我们还到了彭州银厂沟、峨眉山、天台山，而对于成都的风景名胜，我们更是流连忘返。在这样的环境里，我又迎来了我创作的高峰期，其中有一首写府南河的还比较有名，后来发表在《成都史志》上：

府南河上踏歌行

我来锦江踏歌行，
但闻两岸弄潮声。
飞舟急流三百里，
红裳丽影最风神。
旌旗遍地如锦绣，
笙箫鼓乐上五云。
杨花落雪人欢笑，
柳絮飘飞草色青。
鼓浪唯有龙舟赛，
男儿奋勇真豪迈。

队队船桨竞鸥鹭，
汽艇不如小船快。
一声大喝出高峡，
惊涛骇浪擒水怪。
蜀江号子吼起来，
男生女生排队排。
我于人丛观花丛，
车如流水马如龙。
观礼台上炮声响，
万众欢呼颂英雄。
廊桥之上宴宾客，
醉拍栏杆看落虹。
波光潋滟湖山好，
华灯齐上开芙蓉。
屈原莫抒感时情，
府河而今水变清。
九曲连环皆淘尽，
何处春江不月明。
大厦千间立广宇，
丝竹弹遍锦官城。
我歌我乐且舞蹈，
只缘天下已太平。

（2）

我在《成都史志》发表了大量的诗歌和文史作品，计有《红色经典作家罗广斌》《传奇将军尹昌衡》《杨森的三次抉择》等，而我的弟弟胡争上在《四川日报》副刊部也干得非常漂亮，发表了许多高质量的散文随笔，计有《康定溜溜的城》《去丹巴看古碉藏寨》《在太阳谷里穿行》《漫步黄龙溪》《阆中的风味》《走马筠连》《叙永印象》《竹海问竹》《日暮夕佳山》《清冷龙华》《老君山麓的袖珍古镇》《武隆有个洞》《雪夜下黄山》。这时他已经有了一些名气，而且报社也准备给他分一套大一点的新房子，但是他都舍去了，他准备向更高的平台进发。就在他为我父亲的回忆录《远去的黄城———一个平民知识分子的记录》做好编辑工作之后，他就到北京去发展去了。对此我们全家人都不理解，当中学校长的大哥胡建新，和在《成都日报》当编辑的妹妹胡爱平反对得最激烈，大家都认为《四川日报》条件那么好，争上干得那么顺手，为什么要重新选择呢，我的父亲更是坚决反对，但最后谁也没能说服他，他义无反顾地走了，去追求他人生更美丽的风景去了。

他这次去的地方是《中国水利报》，他在这里一干就是12年，直到他生命的终点。这12年是他才华得到极大展现的12年，也是他思想得到极大升华，人生得到极大丰富的12年。他在这里走遍了祖国风景名胜地，写下了美丽富饶锦绣篇。他刚去的时候正遇到"5·12汶川特大地震"，他自告奋勇地奔走在抗震救灾第一线，正如魏巍所描写的那样，他每天都被一些东西感动着，感情的潮水在放纵奔流着。他为灾民落泪，他为解放军的英勇无畏而叫好，他为胡锦涛代表党中央国务院做出的英明决策而欢呼，他认为这其实就是一次全民的抗战，而那种排山倒海、从容有序的力量，又总使人悲壮中带着恢宏和震撼，这就如同一首流行歌曲所唱的那样——《我有一个强大的祖国》。由于争上的突出成绩，他获得了水利部颁发的先进个人奖，以后年年如是。

这十二年他走遍了除西藏之外的祖国大陆，而走得最多的则是南水北调的沿线各地，他写下了视水留言，一线采风；水丽语游，水利风景；南水北调，世纪工程；在水一方，美丽家园，其中留下了很多最精彩的篇章。比如《民族复兴的丰碑——写在长江三峡正常蓄水验收通过之际》《黔西的春天》《赣水那边》《广西抗旱》《山城抗洪》《河南涡河治理》《淮河边上的人们》《彩云之南绘蓝图》《从东江看乌苏里江》，不用再一一列举了，从标题你就可以知道争上走过了多少地方，留下了多少扣人心弦的文字。必须说明的是他的文字有自己的风格，有自己的精气神，他写山不仅仅是山，写水不仅仅是水，他有历史，有人文，有政治，有经济，而其中最具个人风格的是他的文学色彩。是的，他是作家，是高级记者，又是学者，所以他的东西是其他人所不具备的，这就是他的个人魅力。他们的主任知道他的文字功底，所以从来不改动他一个字，即使是总编辑、社长这些报社高层领导也很少动他的文字，他们甚至非常欣赏争上的文章，大家一致认为胡争上改变了《中国水利报》的风格，使其更有文采，更有可读性。

2013年，争上出版了他一生最辉煌的著作《澎湃的江河》，他在封面题记上这样写道："虽然时代不同，背景不同，但感动是一样的，我内心深处仍隐隐捕捉到记忆中一直追寻的那种理想和崇高。"而他的序言则是《我的祖国，我亲爱的故乡》，由此你可知道他高尚的情怀和伟大的人格。中国水利文协专职副主席、高级编辑王经国给他作序，所下的评语是——"清新且情浓"。中国水利报社社长、高级编辑董自刚为争上的书这样写道："新闻稿件写作是一名记者的基本功，以朴实而流畅的文字记录新闻事实；然新闻稿件能称得上新闻作品的很少，需要记者具备深邃的思想洞察、厚重积累和老道运笔，缺一不能；而一部新闻作品能将读者带入诗化意境、乃至新闻审美、使人爱不释手、引人入胜，进而让人的心灵在他所呈现的精神家园里，诗意地栖居，更是凤毛麟角。他做到了。并且，章章篇篇几乎如是。"八一电影制片厂副厂长、作家柳建伟这样评价道："新闻作品写得可读，信息量大，文采斐然，值得推荐。"北京大学教授，学者孔庆东也给予了高度评价——"澎湃的是江河，争上的，是中华民族不屈的心灵。"最后，大众电影杂志社总编辑、影评人辛家宝则写下了这样的评语——"我们的山川大地，被覆四时风雨，也生长人文风景，胡争上行走的细节里有现实也有历史的目光。"

（3）

在我三弟争上人生事业处于黄金时期的时候，我回到了成都市青白江区委党校，从此再也没有离开，而迎来了我事业的高峰期。我父亲胡静中先生的回忆录《远去的黄城——一个平民知识分子的记录》也在社会上产生了极大的反响，尤其是在我的家乡大竹获得了极高的评价，正如争上给他写的序言所说的那样，这不仅是一个家族的历史，而且也是一个地方的历史，它记录了一个社会几个时代的变迁。我父亲通过写他的回忆录，而获得了心灵的慰藉，真正是老夫聊发少年狂啊，而这时他已经是80高龄了。在他90岁的时候，我们全家人，包括三亲六戚，胡氏族人，以及他单位上的领导、同事共同给他办了个大生，我写了一首词，以表庆贺：

西江月　中秋

四世同堂家族，文化普及儿孙。畅怀九十老父亲，白发仍当大任。　　月到中秋时节，光华万里江村。横空一鹤响清音，桂树香飘阵阵。

在那个激情难忘的岁月，我在青白江党校的工作也逐渐翻开新的一页。我先后遇到两位美女校长，一个是刘越，一个是庞红英，她们都是集美丽与智慧于一身的巾帼英雄。先是刘越让我讲大课，在区级部门和乡镇宣讲时事政治，后来由我在全区主讲中共党史，很快打开了局面，收到很好的效果。而在讲课当中我逐渐摸索出了一套经验，那就是党校教育有别于普通高校，更与中小学有天壤之别，第一是要讲政治，第二是要讲理论，第三是要讲逻辑，第四是要讲实际，一个好的理论教员首先要有丰富的阅历，其次要有扎实的理论功底，第三要有好的呈现方式，包括表达、课件制作都要精心准备，不能马虎。总之，理论教育要有高度，要有宽度，要有深度，要有厚度。既要理论联系实际，又要精彩纷呈。我开始爱上这一行了，不再有非分之想了，而在全区也逐渐有了些名气了，2010年我被评为中共成都市委党校系统优秀教师，这一年我和廖琦在青白江买了新房，过上了安逸舒适的生活。

我在青白江党校的第二个贵人是庞红英，她既有才华又谦虚谨慎，特别尊重老同志，她刚到党校主持工作就让我担任了全校的学科带头人，使我焕发了青春。毫不夸张地说，庞校长每一次开会都要表扬我，使我倍受鼓舞。几年下来由我开发和主讲的课程有——《重温党史，勇担使命——为改革开放做出新的贡献》《从毛泽东诗词看中国革命》《一代廉吏赵抃》《在历史中前行的中国旧体诗词》《跟我学唐诗》《跟我学宋词》《跟我学明清小说》《历代爱情诗赏析》《习近平治国理政新思想》等，我不仅在青白江有了一些名气，而且在成都也开始有人请我讲课了。与此同时，我还被评为青白江区"百佳党员"和成都市党校系统"科研管理先进工作者"，而由我为党校创作的故事《爷爷活捉赖合山》《爷爷的军装》也在全区百姓故事会大奖赛中获得了一等奖。

（4）

最近十年来，我在青白江也交了很多好朋友，绝大多数都是文朋诗友，他们是张伟、谭学源、王鸿钧、刘有贵、余震、赖金学、吴忠良、刘代彬、蒋传德、张宏文等，可以说青白江藏龙卧虎，有很多人才，我与他们相处学到了很多知识，使我很受益，使我很快乐。张伟是青白江文联的副主席，原攀成钢的宣传部长，理论功底很深，文章也写得好，而且口才特别好，常常语惊四座，充满了正能量，我在与他相处了一段时间后写了一首诗赞扬他：

七律　赠张伟先生

张伟先生，龙行天下是也。多年来研究毛泽东思想，卓有成就，而独立特行为世所钦。今作七律一首，以颂先生高义。

铁肩担道义争先，品性难为世所迁。

每执公论扬正学，不教流俗污高贤。

衣冠未改周秦色，文字犹书禹夏篇。

名士风流多有节，笛声幽雅到从前。

青白江诗词楹联学会的副会长、党支部书记谭学源对我也很好，他还专门为我组织了一场"胡跃先诗词研讨会"，在会上我做了一个专题发言：

日出江花红胜火
——在胡跃先诗词创作研讨会上的发言

尊敬的各位老师、各位诗友：

大家下午好！

春深似海，春山如黛，春水绿如苔。在这春暖花开的时节，我们迎来了由四川省毛泽东诗词研究会、成都市青白江区诗词楹联学会联合举行的胡跃先诗词创作研讨会，对此我万分感动，万分感谢！大家要我谈点创作感想，我诚惶诚恐。小子何人，岂敢班门弄斧？但诸位的高义我又不好拂逆，那就勉为其难谈几点体会吧，权当抛砖引玉，以就教于大方之家。

一、热爱生活，写真实的自我

古往今来的诗词大家无不遵循这条创作规律，即写真实的自我，绝不作无病呻吟之态。李白如是，杜甫如是，苏东坡如是，李清照如是。李白的诗之所以豪放飘逸，杜甫的诗之所以慷慨沉雄，苏东坡的诗之所以光昌流丽，李清照的诗之所以抒情唯美，都在于贯彻了写真实自我的原则。即为人生，为艺术。跃先学诗三十年深深地感到只有向古人学习，不浮夸不虚张不做作，才能出精品，出力作。虽然我的诗还达不到古人的高度和厚度，但我是这样努力追求的。我的《诗话平生三首》《后记三首》《侠客行四首》《蓉城八首》《旅次上海八首》《咏竹》《遥忆知青吟》《行走在春天的桃花》《我本爱佳人》等就很好地反映了我的个人生活，广大读者能够从我的诗中读到我的人生，我的人品，我的歌哭欢笑，我的失败成功，从这点说我做到了。

二、热爱人民，写祖国的大好河山

我非常激赏邓小平的一句话"我是中国人民的儿子，我深爱着我的祖国和人民"。跃先虽是一介草民，没有为国家为人民做出多大贡献，但我同样深爱着我的祖国和人民，所以我的很多作品都反映了祖国的大好河山。《京都十咏》《长江二十咏》《滇黔四题》《丽江行五十句》《九寨沟吟三十二句》《府南河上踏歌行》《龙泉桃花词》《青江抒怀三十句》《忆上海东方明珠塔》《广元行》《江山独行歌词十首》等就是其中的代表作品。因为我热爱他们，所以我歌吟他们，我用我的笔记录下了祖国的光影，以及生长在这里的人民。我基本上做到了与祖国同行，与时代同步。一切萎靡的颓废的漠视生活的东西在我这里没有，我歌唱生活，我歌唱祖国，源于对他们的爱。广大读者随着我的笔触，饱览了祖国的山光水色，杏花春雨，他们由衷地赞道胡跃先的诗真实灵动，亲切感人，从这点说我做到了。

三、热爱历史，写一切前贤往古

列宁曾经说过"忘记过去就意味着背叛"。我们的今天就是昨天的延续，我们的先人就是我们最好的老师，我们没有理由不崇敬他们，不热爱他们，所以我写秦始皇汉武帝，我写毛泽东邓小平，我写李白杜甫，我写鲁迅郭沫若，我写胡风丁玲，凡是他们的闪光点都在我的笔下得到弘扬和展示。比如我的《历代英雄豪杰赞》《历代文人墨客赞》《中华百年歌》《铜锣招魂歌》《峨眉山月歌》《蜀中先烈六人赞》《苏东坡放鹤吟》等等。我从他们身上感受到人格的光辉，人格的魅力。我如痴如醉，我乐此不疲地赞美他们，讴歌他们，其目的就是要宣扬中华文化，宣扬中华国粹，宣扬正能量，从而为我们祖国的繁荣富强尽一点绵薄之力，从这点说我做到了。

正是因为我长期以来热爱生活，热爱人民，热爱历史，我才能在诗词创作上取得一些成绩。2014年8月，四川文艺出版社出版了我的旧体诗集《胡跃先诗稿》，著名诗人、学者流沙河先生为本书题签，中华诗词书画交流协会常务理事、香港诗词学会副会长、香港诗词副主编张淑萱女士为本书作序，她的精彩点评为本书增色不少。香港诗词网站副站长、律诗绝句版主游畅对本书给予了热情洋溢的赞誉——

临江仙　读胡跃先诗

紫袂飘风长万里，行来天地之间。吟风弄月旧溪山，人情含笑说，风骨仗诗传。一去浮尘成偈语，今生把墨成缘。窗前带笑读新篇，凌霜檐上瓦，吟字醉中仙。

七律　寄胡跃先君

几行文字平常过，冻雪飞霜忽遇君。侠义满怀空四海，清歌一句动三军。情衷玉垒溪边水，诗寄川江岭上云。今夜冰窗还剪竹，巴山恰似雨纷纷。

2015年12月，我被中华文艺学会、中华文艺杂志、中华文艺网联合评为全国百强才子。不仅如此我还加入了中华诗词学会、香港诗词学会，担任了新浪诗歌论坛版主、巴蜀诗风顾问、中华文艺学会成都分会会长、四川省毛泽东诗词研究会青白江分会副会长。

但我也存在很多不足，而最大的不足就是创作功力还有待加强。我的诗词创作主要是旧体诗，用的是平水韵，但是由于我学习钻研不够，对于旧体诗词的格律、用韵、平仄、用典等等还把握得不够好，表现在我的作品上还存在很多瑕疵，这是艺术上的问题。我的另一个问题就是从主题内容上讲，还不够高华和深邃，写个人苍凉幽怨的比较多，还未完全跳出小我的圈子。而最主要的就是读少了，尤其是精品读少了，虽然我也能背诵几百首古诗词，但总的说来量还是少了点。当代诗人、鲁迅文学奖得主周啸天先生说得好，读到什么程度写到什么程度，可谓至理名言。无论新诗旧诗都要多读，我的理解就是要多读多写多看，读一切精品，不仅是古人的，当代人的好诗也

作者诗稿

要多读，不要不屑一顾。我这几年之所以能够写一点好的东西，主要得益于我在中华诗词论坛上交了很多诗友，深圳的张淑萱先生，浙江的游畅先生，还有前面提到的四川大学教授周啸天先生，就是其中最好的老师。

日出江花红胜火，春来江水绿如蓝。春天是美好的，生活是美好的，我们理应为祖国为人民为时代奉献出更多的精神食粮。让我们坚定理想，坚定追求，拥抱春天，拥抱生活，拥抱一切美好的事物，去歌唱吧，去战斗吧，这就是我未来的人生态度，也是我未来的创作态度，同志们，为我加油！

最后，以一首七律作结——

身在成都心在诗，
青江如我两相宜。
万千风景遂人愿，
三十华年步众师。
雪落繁花春有梦，
水流大海鸟栖枝。
开窗阅罢文章事，
吟遍山河总不痴。

（5）

而我与《新青白江报》的责任编辑刘有贵，和《凤凰湖》大型综合性文艺杂志的责任编辑余震的相识，则是一场风花雪月的邂逅。我到青白江二十多年了，青白江的山山水水令我流连忘返，人和的生态康养休闲乐园，福洪的杏花，姚渡的桃花，以及城厢的家珍公园，弥牟的八阵图遗址，还有怡湖园的风雨廊桥，凤凰湖的樱花都是我的至爱，他们给了我这个外乡人心灵的慰藉，使我一次次获得幸福，获得快乐，获得灵感。而我更忘不了的是承载着青白江40万人民青春梦想的《新青白江报》和《凤凰湖》，她让无数读者歌哭欢笑，她让无数作者热血燃烧，而我就是其中的一分子。

我是在一次偶然的机会阅读到这两个刊物的，开始我还不大认同，觉得一个区县的报刊没有什么，但是当我浏览了她的版面、她的文章之后我改变了看法，她的新闻既高端又大气，上联中央省市，下接乡镇村社，而她的文艺作品既有阳春白雪，又有下里巴人，不仅有本土作者，还有外地作者，而由他们发起承办的青白江桃花诗会更是吸引了全国无数的诗歌爱好者，一办就是三十多年，影响遍及全国。捧读这两份带有温度的刊物我的心情久久不能平静，我有些跃跃欲试了，虽然以前我也曾经在全国和省市一级报纸杂志发表过一些文章，但是写青白江本土的不多，怀着忐忑的心情我写了一首古风《青白江抒怀》：

> 我来青白江，
> 悠悠二十年。
> 花开又花落，
> 鸟啼听杜鹃。
> 水看青绿色，
> 山看绕云烟。
> 天桃灼灼艳，
> 梨杏亦争妍。

200

黄鹂歌千树，
白鹤尽盘旋。

行者乐于途，
山水多有缘。

最是凤凰湖，
游客舞翩翩。

樱花开且茂，
红白照于天。

丛丛密林下，
美人戏花田。

小桥伴流水，
细雨湿船舷。

诗兴正朦胧，
春意更盎然。

我歌樱花下，
我醉樱花前。

回首往日事，
岁月何其艰。

倘得如樱花，
快意似神仙。

行年已五十，
再夺百岁禅。

    我把凤凰湖的美景融合在一首古风里，真情地赞美了我的第二故乡。不久作品发表出来了，编辑很尊重我，没改一个字，这令我大喜过望。此后我与《新青白江报》和《凤凰湖》

的编辑老师成了朋友，大家在一起喝酒，在一起聊天，在一起畅谈文学，在一起畅谈生活，在一起畅谈新时代，新思想，新作为，彼此之间没有芥蒂，即使对作品提出批评也没有什么，大家真诚的相处在亦师亦友之间，使我真正学到了很多东西。几年下来我在《新青白江报》和《凤凰湖》发表了数十篇文章，有诗歌有散文有小说有理论文章，而且更让我感动的是我写的一百二十回长篇章回小说《四川军阀通俗演义》，和中篇小说新乡土文学《黄城寨下》也都被发表了。

而今《新青白江报》和《凤凰湖》就像我的爱人，我的同志，与我风雨同舟，肝胆相照，我们在风花雪月中邂逅，我们在灿烂的时代携手前行。我忘不了报社门前的银杏树，我忘不了那里的灯光，以及灯光下面辛勤耕耘的老师，我将与你们同在。

在我事业走向人生最佳时期的这些日子里，我没忘记善待家人，最近十年我先后和廖琦走遍了祖国大地，到了丽江、九寨沟、上海、杭州、桂林、巴马、三亚、西安、延安、井冈山、江阴，我们也到国外去转了转，到了新加坡、马来西亚、柬埔寨。古人说读万卷书，行万里路，我们也开始尝试着这样的生活，而每到一地我都有诗，有散文，用以记录平凡人生的不平凡岁月。当然我们也不是独行侠，我们往往邀同朋友、亲人一起前往，而这当中与我们相处得最多的是廖琦的大弟弟廖特和她的弟媳蒋红梅，他们会开车，为人又豪爽，我们相处得非常愉快。廖特蒋红梅在三亚买了房子，为了我们几姊妹将来退休了过得更加潇洒，在他们的鼓励下，我和廖琦也在三亚买了房子，而且我们和廖琦的小弟弟廖虹还是邻居。在这样的生活环境中，我写下了《五绝·风花雪月一组》：

其一　秋风

道上霜林染，
秋山色正红。
雁排千里暗，
人坐翠寒中。

其二　春花

春日云横黛，
山花意转浓。
鸟来探百卉，
绿水一重重。

其三　冬雪

小炉添色晚，
积雪上寒窗。
沽酒村头去，
微醺好过江。

其四　夏月

溪中鱼影白，

树上鸟吟楣。
庄户人声静，
但看月参差。

第十四章　泪洒朝鲜

父亲 96 岁生日全家合影

（1）

2016年11月，我被四川省作家协会吸收为会员，从此成为作家中的一员。同时我也是四川省散文家协会的会员，还担任了成都青白江区散文家协会的副会长。二十多年来，我累计创作了将近100万字，有诗歌，有散文，有小说，有戏剧，成功的不多，失败的不少，但我奋斗了，追求了，我很充实，也很自豪。我自豪我没有虚度年华，我自豪我得到了社会的认可。时光就这样过来了，一混我已经58岁了，到我这个年龄本应该含饴弄孙，但我不服老，还要努力。想想希拉里、特朗普70岁了还在竞选总统，我们还敢懈怠吗？不问收获，只问耕耘，这是人生的最高境界。几年来，随着网络的高度发达，我在中国作家网发表了很多质量较高的文章，比如《民族革命战争中的婉约之美——浅谈孙犁〈白洋淀纪事〉》《李晓明：书写两部红色经典的传奇作家》《沈从文：诗情画意的湘西》《成都赋》《浅谈"一带一路"上的古代诗歌及其美学价值》《在平原与山地之间沉醉》《樱花树下的情思》《成都的冬天》《关于〈金瓶梅〉〈红楼梦〉的断想》。有的还被选为高考复习范文，例如散文《想起苏州》——

想起苏州

想起苏州就想起江南的烟雨红颜，江南的杏花春雨，江南的小花伞。苏州的婉约细腻大抵就在那一城一水，一花一叶了。是的，苏州的城是梦幻迷离的，天下园林在江南，江南园林在苏州，可见她的风姿绰约。拙政园的大气，留园的小巧玲珑都好似一幅幅醉人的写意画，那画上有桃红柳绿，有燕子来时月满西楼，也有吴山点点愁。那一扇扇古老的门楼里都是一个个散发着幽香的故事，那故事里有动人的歌谣和图画。

想起苏州就想起唐伯虎，想起唐伯虎就想起他的桃花庵，想起桃花庵就想起他的《桃花庵歌》和《落花诗》。在月夜孤凄的夜晚，在红消香断的白天，吴门四才子和吴中四杰的唐伯虎踏歌而来——"桃花坞里桃花庵，桃花庵里桃花仙。桃花仙人种桃树，又摘桃花换酒钱。"这是唐伯虎的潇洒。

"别人笑我忒风癫，我笑他人看不穿。不见五陵豪杰墓，无花无酒锄作田。"唐伯虎又是痴迷的——"酒醒只在花前

206

坐，酒醉还来花下眠。半醉半醒日复日，花落花开年复年。"
再看他的《落花诗》，我们就会有一个惊人的发现——"花落
花开总属春，开时休羡落休嗔。好知青草骷髅冢，就是红楼掩
面人。衰老形骸无昔日，凋零草木有荣时。和诗三十愁千万，
肠断春风谁得知？"这是不是与曹雪芹的《葬花吟》有些相
似呢？是的，简直与林黛玉一个口吻，一样的哀怜。再看林黛
玉，她也是出生在苏州，也许就是拙政园或留园的大家闺秀，
十岁以前她就在那里吟诗绘画做女红。那青砖黛瓦，绿树红
墙，还有那一溪的桃花，成就了她一生的聪明，也注定了她的
冰肌玉骨。她是一个美丽而才华横溢的女子，可惜寿年不终，
早早地夭折了，带走的是红楼的遗恨，带不走的是苏州的雨，
苏州的风，苏州的春花秋月，苏州的小桥流水。我们在记住黛
玉的同时，也记住了苏州这座美丽的城市。是的，"上有天
堂，下有苏杭"。你难道不认为林黛玉的冰雪聪明和她的兰心
蕙质不就是这座城市的代名词吗？

　　黛玉姑娘手中的那把小花伞又传过了百年，三月的雨仍是
那样多情和柔软。我是二十年前去的，在苏州我看到了最美的
风景，最美的女人。就在虎丘山下，我邂逅了秋香，她和唐伯
虎款款而来，他们在雨中相遇，共用一把小花伞，深情一顾，
情动千年。他们习字作诗，绘画绣花，不染尘埃，不求闻达，
心无旁骛，只在山林。虽然在我是梦的幻影，然而，我思故我
在。我见到的游人，以及那一个个红男绿女难道不是秋香和唐
伯虎吗？你看他们多么相爱，多么风流袅娜。

　　苏州既是柔软的也是锋利的。二千多年前，军事大师孙武
在这里操练兵马，威震三军。吴王的美人不听招呼，他挥刀砍
下他们的头颅，从而一呼百应，苏州从此寒光无比。天幕血

红，孙武带领吴国的军队南征北战，攻齐攻楚攻越，一路所向披靡，攻无不克，战无不胜，从而成就了千秋兵学宝典《孙子兵法》。但是后来孙武还是归入五湖明月，和他的爱人一起在夕阳牧歌中静静地长眠。所以世界上的东西绚丽总是暂时的，唯有平淡才是永恒的。天心月满，人有几何？

当然苏州除了桃花流水，除了烟雨红颜，除了哲人韵士，除了最美的园林，还有最美的寺庙，那就是享誉千载的寒山寺。说到寒山寺，自然就要提到唐朝大诗人张继的《枫桥夜泊》："月落乌啼霜满天，江枫渔火对愁眠。姑苏城外寒山寺，夜半钟声到客船。"古代的寒山寺是繁盛的，以至到了夜半时分还有客船到来，那么由此可见苏州的繁华。苏州的繁华使寒山寺不寂寞，并且很有生气，虽然有些许愁闷，然而有诗，有夜半钟声却也真情弥漫，心智大开。

如今已是六月，雨水渐多，江南的雨更是下个不停，想必苏州的雨也分外撩人，那拙政园的荷塘，那枫桥的绿水，以及那满街满巷的俏丽女子和他们手中的小花伞都牵动着我的情思。

北京新东方为此还出了练习题。

1.下列对散文相关内容和艺术特色的不正确的一项是（3分）（　　）

A.散文开头概写苏州城的梦幻迷离，风姿绰约，并以拙政园和留园的特点引出散发着幽香的故事，以及那故事里的动人歌谣和图画。

B.我们看到唐伯虎既是潇洒的也是哀怜的两面，我们可以肯定人性都有两面性；苏州城也具有两面性，如拙政园大气，留园小巧玲珑。

C.散文采用虚实结合的手法，文中所写之景、之人，不在眼前的，乃是回忆，此为虚；如今已是六月，雨水渐多，江南的雨更是下个不停，写现在，此为实。

D."归入五湖明月，和他的爱人一起在夕阳牧歌中静静地长眠"一句意味深长，"静静"是"平淡之意，"长眠"是"永恒"之意，"五湖明月"既寓意平淡，又寓意永恒。

2.这篇散文以"想起苏州"为中心谋篇布局，有什么好处？请简要说明。（5分）

3.文中"苏州既是柔软的也是锋利的"单独成段有什么作用？请结合作品谈谈你对这句话的理解。（6分）

答案：

1. B（"我们可以肯定人性都有两面性"的推断过于绝对。）

2. （1）说明本文要写的主体是苏州。（1分）

（2）"想起"意味着本文可以自由驱遣文字，既可以写景状物，又可以写人叙事或抒情议论，体现了散文形散神不散的特点（3分）

（3）用"想起"使虚实结合成为了主要艺术表现手法。（1分）

3. 作用：（1）承上启下；（2）突出苏州的特点。（2分）

理解：（1）景的恢宏大气为锋利，梦幻迷离风姿绰约，月满西楼，景色赋予的点点愁为柔软；（2）唐伯虎的潇洒为锋利，哀怜为柔软；（3）林黛玉美丽而才华横溢为锋利，冰肌玉骨、寿年不终为柔软；（4）秋香与唐伯虎爱情的"情动千年"为锋利，"深情一顾"为柔软；（5）两千多年前军事大师孙武在这里操练兵马，威震三军，南征北战，成就了《孙子兵法》，此为锋利，但是后来孙武还是归入五湖明月，与他的爱人一起静静的长眠，此为柔软。（每点1分，结合文本答出四点即可。）

（2）

我除了对文学创作比较感兴趣之外，对"四书五经"的学习也没有忽视，而且还有心得。"四书五经"是中华传统文化的精华，是国学的根本，千百年来，人们把读没读"四书五经"看作有没有良好的文化修养的表现，在古代更是科举考试的必修课，在今天我们传承中华文化，弘扬社会主义核心价值观也必然回避不了它。但是，从古到今，它又是高深难懂的著作，以致许多人都望而却步。那么，我们到底该怎么读"四书五经"呢？

首先，我们要明白"四书五经"的内容。"四书"就是四部书的总称，所谓《论语》《孟子》《大学》《中庸》是也。《论语》《孟子》是孔子和孟子及其学生的言论集，是儒家学说的集大成者，《论语》一共二十篇，首为《学而》，次《为政》，次《八佾》等等，中心思想是修身齐家治国平天下的学问，其核心是仁学，仁者爱人。《孟子》是对孔子学说的阐释和发扬，主要通过诸家争辩和游说诸侯论述治国理政以及待人接物的思想。《大学》是孔子的学生曾参的著作，是关于儒家学说入门进德的开篇，开宗明义就讲"大学在明明德，在亲民，在止于至善"，什么意思呢？就是说大学的根本就是要明白道德的重要性，关键的一点无论是天子或是老百姓就是对人要好，无论做什么事要尽善尽美，要向善向好。《中庸》是孔子的孙子子思写给孟子的，主要讲为人处事要不偏不倚，不要太过，也不要不及，中庸就是"刚好""合适"的意思，具体讲就是四句话——做事不要太苦，享乐不要太过，待人不要太苛，荣誉不要太多。"四书"是南宋理学家朱熹集在一起的，关于它的解释，朱熹专门有《四书章句集注》一书。朱熹特别强调，先读《大学》，以定其规模，次读《论语》，以定其根本，次读《孟子》，以观其发越，次读《中庸》，以求其古人做人的博大。

所谓"五经"就是《诗》《书》《礼》《易》《春秋》五部书的总称。《诗》就是《诗经》，是我国古代第一部诗歌总集，是从西周初到春秋中期的歌谣，分为《风》《雅》《颂》三部分。《风》就是《国风》，是民间歌谣，第一篇就是《关雎》，"关关雎鸠，在河之洲，窈窕淑女，君子好逑"。《雅》又分《大雅》和《小雅》是贵族歌谣。《颂》又分《商颂》《周颂》《鲁颂》，是宗庙祭祀的乐曲。《诗经》的核心是"思无邪"，就是思想纯正，感情真挚的意思，反映了古人对美好生活的向往。

《书》就是《书经》，又称《尚书》，也就是上古之书，是关于古代的文献资料。《礼》就是《礼经》，是关于古代礼法礼仪的著作。《易》就是《易经》，是一部研究宇宙社会的占卜之书，它外表神秘，内里充满辩证法，其中又分伏羲八卦，文王八卦和孔子八卦，易就是变化的意思。《春秋》是古代的历史著作，由于文字简略，故又有三部书以成其大，其一是《左传》，其二是《榖梁传》，其三是《公羊传》，据传《春秋》是孔子编订完成的。

其次，我们读"四书五经"要读原著。虽然文字艰深，但妙不可言，就是要读古文，实在不懂再看古文翻译，这样就会收到奇妙的效果。而且读古文可以帮助记忆，因为古文非常精炼，往往以一当十当百当千，言简意赅，博大精深。比如"学而时习之，不亦说乎；有朋自远方来，不亦乐乎；人不知而不愠，不亦君子乎？"就包罗万象，而发人深省。在读"四书五经"时既可通读，也可选读。"四书五经"大概七八十万字，如果要看古文翻译也得几百万字，如果你有时间可以通读，没有时间选读你感兴趣的也可以。一般说来"四书"好懂一点，"五经"难读，特别是《易经》当读天书。就是那些饱学通儒穷其一生也不敢说就弄懂了一切，往往也只是对某一个问题有发言权而已，所以我们不要妄自菲薄而不敢问津。

第三，要学用结合。古今中外任何知识都是教你如何做人，如何明理，"四书五经"更是如此。我们的传统文化之所以薪火相传，生生不息，关键在于我们传承了人间的大道，社会的大道，人类文明之所以传到今天也是遵循了这个真理。"四书五经"的核心要义说得很明白，自天子以下至庶人，皆以修身为本，概括起来就是五个字——义、群、和、礼、耻。什么意思呢？义就是要崇德，要有道德。群就是要合群，不能孤芳自赏，要与群众打成一片。和就是要和谐，不能到处搞斗争。礼就是要讲礼貌，要讲规矩，要有上下尊卑。耻就是要有羞耻心，什么该做什么不该做要分清楚。在这个总原则下才是做事，所以修身齐家治国平天下，首先是修身，身不修何以齐家，何以治国平天下？当然也有人格分裂的，说一套做一套，但是这样的人往往是不能持久的，更莫想永垂不朽。古人有立德立功立言之说，而立德排在第一位。北宋大哲学家张载说得好——"为天地立心，为生民立命，为往圣继绝学，为万世开太平"，这是从古到今的读书人追求的最高目标，我们虽不能望其项背，但爱读书好读书还是可以做到的，若能知行合一，则善之善矣。

关于"四书五经"我也只是了解点皮毛，或者皮毛都算不上，更没有通读，写出来是想和大家分享一下，并就教于大方之家，如有不妥，敬请鉴谅！

（3）

在我与三弟争上共同进入人生的黄金时期的时候，我们的合作也在紧锣密鼓地进行着，我们先是策划创作了一个电影剧本《文联大业》，后来又由他策划，我执笔创作了一个30集电视连续剧《毛泽东和文艺家们》。故事梗概如下：

1937年7月7日卢沟桥事变爆发，抗日烽火燃遍中华大地，一大批文艺青年和作家艺术家奔赴延安革命圣地，寻求救国救民的真理。丁玲来了，萧军来了，艾青来了，周立波来了，冼星海来了，贺敬之来了，大家热血澎湃，豪情迸发，毛泽东真诚地欢迎同志们的到来，并与他们谈心，交朋友。但是在关于文艺为什么人服务的问题上，大家存在不同看法。

为此，毛泽东深入地走进他们的内心世界，与他们谈中国的抗战，谈中国的历史，谈中国的工人农民，谈八路军，谈中国的未来，并于1942年5月召开了延安文艺座谈会，发表了《在延安文艺座谈会上的讲话》，讲话高屋建瓴地指明了方向，解决了文艺为大众服务，为抗战服务的大问题。延安和抗日根据地上演着革命的传奇，上演着领袖与人民，领袖与作家艺术家亲密无间的感人故事，从此中国革命文艺掀开崭新的一页。在毛泽东文艺思想的指引下，广大作家艺术家深入前线，深入农村，创作出了《白毛女》《小二黑结婚》《黄河大合唱》《南泥湾》《太阳照在桑干河上》《暴风骤雨》等一大批优秀作品，为中国的抗战事业和解放事业谱写了恢宏的画卷，传颂出时代的乐章。

这个剧得到了著名导演刘毅然的认可，各方面都准备得差不多了，但是我的弟弟胡争上却不在了，这使我倍受打击。刘毅然执导过很多名作——《毛岸英》《星火》《霜叶红于二月花》《我亲爱的祖国》等，在业界和广大电视观众中很有影响，多次获得过"五个一工程奖"。他和争上私交也很好，两人谈天说地，分外投缘，对于争上的离去，他也非常惋惜。

熟悉争上的人都知道，我弟弟身上有很多情结，例如爱国情结、红色情结。他在去朝鲜之前已先去了苏联，东欧，加拿大，他们追寻列宁十月革命，追寻东欧社会主义，以及国际友人白求恩的足迹，他们对共产主义、国际主义有着不一样的情怀。我弟弟可以唱世界上很多国家的国歌，尤其是社会主义国家的国歌，他耳熟能详，张口就来，他在这些国家欢呼跳跃，激情迸发。这次到朝鲜他们也是为了去圆梦，去为志愿军烈士扫墓，为国际共产主义招魂，而这次他们却永远离开了我们，作为亲人，作为同志，作为战友，无不为他们的高尚情怀而感动悲伤。

2018年4月22日18时许，争上他们的旅行车在朝鲜黄海北道出事了，当时天正下着大雨，天阴路滑，道路泥泞，车子失控，加之司机操作不当，车子掉进30多米高的桥下，下面是一条大河，这样就出现了重大交通事故，造成36人死亡，2人重伤，死者中有32人为中国公民，4人为朝鲜工作人员。我最亲爱的三弟、原《中国水利报》高级记者、作家胡争上也在此次事故中不幸遇难了。中共中央总书记、国家主席、中央军委主席习近平做出重要批示，对死难同胞表示深切的哀悼，并责成外交部、公安部、民政部、外事办等相关部门积极迅速及时高效处理善后事宜，朝鲜劳动党中央委员会总书记、国防委员会委员长金正恩在事故发生几小时后就到访中国驻朝大使馆，表示慰问，26日凌晨，载有32名中国游客的遗体以及2名伤员的专列启程回国，金正恩亲自到火车站送别。

风萧萧兮易水寒，壮士一去兮不复还。还在争上没离开四川之前，他还是《四川日报》的副刊责任编辑的时候，我就写了一首词赠给他：

忆秦娥　三弟争上

飞凤穴，钱塘江上磨玉珏。磨玉珏，赢了春红，误了秋色。忽闻海上生明月，巴山蜀水共碧血。共碧血，扶他正气，写他忠烈。

是的，争上一生与水有着不解之缘，他读大学在嘉陵江上的南充，他曾工作在长江嘉陵江交汇的重庆，他读研究生在浙江钱塘江边的西湖，他最后工作的地方在《中国水利报》，而且是南水北调专栏，他的辉煌巨著叫《澎湃的江河》，他最后的生命定格在朝鲜黄海北道，他因水而生，因水而止。而我的《忆秦娥·三弟争上》也成了谶诗，仿佛为他的一生做了注脚。在他身后我也有一诗一词哀悼他：

江城子　怀三弟争上

弟兄缘结在高峰，竹林笼，小墙东。同学周家，相伴一年中。歌舞文章景色美，闻笑语，忆春风。　　五十七年魂梦空，雪泥鸿，遇霜浓。泪洒朝鲜，跨鹤与仙逢。大地山川行到处，留佳话，称英雄。

七律　吊我最亲爱的三弟胡争上

生不平凡死亦哀，壮怀激烈走天台。繁花易谢人间梦，新月常辉雪里梅。澎湃江河成绝唱，评论海峡是雄裁。朝鲜一去名千古，泪洒西川覆旧杯。

（4）

在我弟弟胡争上去世之后，我们在整理他的遗物的时候，发现了很多的东西，有各地送给他的珍品，有藏信，有名贵药材，而其中最多的则是国家水利部、中国水利报颁发给他的奖状。他是中央文案十佳者，是水利部水利考评专家，可以说他既是一个很有影响的作家、新闻记者，同时又是一个术业有专

攻的水利专家，是一个不可多得的精英人才。对于他的不幸
离世，我们全家人万分悲痛，我的父亲胡静中写下了《追思
集·杂咏数首》：

其一

生在平常百姓家，
志存报国乐天涯。
白沙航天是首站，
重庆石油第二家。
成都体院讲大课，
川报周末笔生花。
最是中国水利报，
江河奔腾赞中华。

其二

走遍祖国风景地，
世界名城有足迹。
美国白宫思旧事，
苏俄红场话今昔。
报恩名医加拿大，
流连东欧奥地利。
朝鲜事故谁能料，
长使亲朋泪沾衣。

其三

浙江大学研究生，
高级记者有盛名。
中央文案十佳者，
单位模范是精英。
中国作家多著述，
水利专家主考评。
名师桃李满天下，
钟情家庭贤仲昆。

其四

藏信一百五十八，
桃李争妍满天涯。
来自各地大油田，
一览泪落芙蓉花。

其五

虫草古来少，
石斛今也稀。
人参名贵药，
阿胶也称奇。
云南普洱茶，
大枣与枸芪。

药茶都尝遍，
归去何太急。

其六

文韬武略书竹简，
文房四宝笔墨砚。
兰亭书法王羲之，
清明上河张择端。
三叶化石虫还在，
阴阳八卦有罗盘。
金笔新表泰山玉，
一览一思一泫然。

其七

兄妹四人他争上，
多才多艺多善良。
走遍世界名胜地，
麝过春山草木香。

其八

一生潇洒走遍祖国风景名胜地，
一生豪迈写下水利富饶锦绣篇。
一生重情温暖亲人朋友父老心，

一生伟大赢得生前生后忠孝名。

（5）

　　我生于1958年8月20日，旧历七月初六，到今年我整整六十岁了，六十年春花秋月，六十年星移斗转，六十年歌哭欢笑，六十年奋斗依然。为了总结过去，把握今朝，珍惜未来，在家人的积极鼓动下，我于6月3日这天在成都举办了六十大寿生日宴会。事前由我的儿子曹潮做了一个视频，人生掠影，尽在其中，效果很好，受到了来宾的高度评价。成都青白江区委党校常务副校长庞红英女士、原中共四川省委党校教育长吴绍伯先生、成都青白江区文联副主席张伟先生，以及我的同学罗四夕、王明强分别讲了话，青白江区诗词楹联学会副会长、党支部书记谭学源先生和蒲薇女士朗诵了我的新诗《行走在春天的桃花》，青白江艺术团副团长华永芳女士独唱了毛主席词《卜算子·咏梅》，大家对我的祝福和勉励，我非常感动。最后，我父亲胡静中赠了一首诗给我，为我的六十年岁月做了一个概括：

祝愿跃先六旬晋一花甲重开

少年任性不知愁，欲揽明月上高楼。
历尽沧桑初心在，艰难经营壮志酬。
十年一稿已问世，千回百转终归流。
人生得此亦足矣，再迎花甲第二周。

我在答谢词中也发表了感言，我说：

有人说，有鲜花相伴的人生是美丽的人生，今天正是6月的鲜花盛开的季节，荷花为莲，茉莉花开。有人说，有诗歌相伴的岁月是快乐的岁月，我有很多诗友有很多文友，所以我快乐我充实。有人说，有父母妻儿亲友相伴的时光是幸福的时光，如今我有九十六岁的老父健在，有贤妻佳儿，有无数关爱我的领导同事老师同学亲戚朋友，所以我很幸福。是的，有美丽人生，有快乐时光，有幸福生活，这就是我六十年来的如歌岁月，今天更是高朋满座，胜友如云，所以，我骄傲，我自豪。一路走来跨越千山万水，有你们相伴真好。所以我感谢我生命中的每一个人，是你们陪伴我，教育我，帮助我，关爱我，我将永志不忘，铭记在心！蓦然回首，那人却在灯火阑珊处，如今我虽然没有大富大贵，却也收获满满，幸福满满，快乐满满，我将永远感谢你们，回报你们！

胡适先生说得好，十五夜大月亮，三十岁老新郎。如今我是六十岁老新人，我将向年轻人学习，永葆青春，永远前进，永远歌唱。最后有七律一首献给大家——

六月骄阳照万家，
欢歌笑语伴鲜花。
人生六十多豪迈，
风雨千山添岁华。
事业从头再努力，
诗词未可尽吹笳。
如歌如颂新时代，

美好征程乐无涯。

　　2018年是一个不平凡的年头，注定要写在我们家的大事记上，这一年我最亲爱的弟弟胡争上离我们而去了，永远告别了我们；这一年我迎来了我的六十花甲，光荣退休；这一年我大哥的儿子胡彦殊被提拔为《四川日报》理论评论部主任；这一年我在《精神文明报》工作的儿子胡为希被下派到巴中市通江县搞精准扶贫。是的，虽然我的三弟争上走了，但我们大家化悲痛为力量，迅速振作起来，也算否极泰来吧。天佑中华，天佑吾家，愿争上的灵魂永远安息，愿来生再为亲弟兄。

胡跃先

2018年7月31日于成都青白江

〈代后记一〉

我的书香岁月

◎胡跃先

　　我出生于1958年，到现在整整一个甲子了，回首六十年岁月，没有大的波澜，也没有大的建树，唯一能够告慰自己的是与书结下了终生莫逆之交，她伴我走过春夏秋冬，见证了我的四季轮回，我的成功失败，我的歌哭欢笑，都有她的鲜明记忆和时代烙印。

　　我最早读的书是《毛主席诗词》和《毛泽东自传》，那是"文化大革命"时期，我刚读小学，那时破四旧，很多书都被烧了，禁了，唯一能读的就是毛主席的书。在最初的记忆里有两本书我不能忘记，其一是《红旗飘飘》，其二是《星火燎原》，我接触党史军史，就从这里开始，从那当中，我知道了我们的元帅刘伯承写的《回忆长征》，以及上将杨得志写的《抢渡大渡河》。我的对于党史军史的爱好应该是从这里出发，以至多年以后我能够在很多场合宣讲中共党史，并且受到普遍的欢迎。

　　我接触的第一部小说应该是《红岩》，而我接触的第一首唐诗也是从《红岩》了解到的——"花间一壶酒，独酌无乡亲。举杯邀明月，对影成三人"。我从《红岩》中读到了乐趣，读到了快感，以后一发而不可收，《破晓记》《烈火金钢》《平原枪声》《铁道游击队》《敌后武工队》《红日》《苦菜花》《迎春花》《朝阳花》《林海雪原》《红旗谱》《野火春风斗古城》《正红旗下》《草原烽火》《吕梁英雄传》《新儿女英雄传》《古城春色》。我从《古城春色》知道了首都北京，并无限神往，而对八达岭长城也有了眷恋之情。

在整个初中和高中阶段我几乎读遍了我所能找到的红色小说，而古典小说也与我交上了朋友。我读的第一部古典小说是《水浒传》，那是一个昏黄的下午，我读到了一部残本，我从"张天师祈攘瘟疫，洪太尉误走妖魔"，一直读到第七十一回，宋公明义结忠义堂。如果说我对草莽英雄的敬慕始于《水浒传》，那么我对智谋韬略的认识则来源于《三国演义》，尽管四十多年过去了，我至今仍然记得书中的名篇佳句。"大梦谁先觉，平生我自知。草堂春睡足，窗外日迟迟。"这是诸葛亮出山的时候写的一首诗，而那一首长篇古风"高祖手提三尺雪"，我也毫不迟疑地背下来了。以后又读了《西游记》《红楼梦》《白蛇传》《封神榜》《镜花缘》《儒林外史》《聊斋》，而这当中我对《红楼梦》的爱好，还有一段插曲，那就是我的语文老师并不喜欢我读这些，尽管他很喜欢我的作文，原因是我们还很年轻，而《红楼梦》对于青春期的我们无疑是禁书。

以后参加工作，就是粉碎"四人帮"了，改革开放，文艺的春天到来了，我读的书就更多了，也逐渐改掉了只记故事的毛病，而开始一边读书，一边思考问题了。20世纪八九十年代，我读得最多的是中国历史，《精编廿六史》《中国禁书大全》以及很多人物传记和其他杂书，比如《瀛台泣血记》《御香缥缈录》《阅微草堂笔记》《曾国藩教子书》《燕山夜话》《人间词话》《王明传》《张国焘回忆录》《冈村宁次回忆录》，而我读的第一部名人传记就是吴晗的《朱元璋传》。

由于十年浩劫，对于国学了解不多，所以就特别重视对这方面的补课，《三字经》《百家姓》《增广贤》《千字文》《菜根谭》《小窗幽记》《格言联璧》《声律启蒙》《唐诗三百首》这些我都读了，不仅如此，我还花大力气读了《史记》《四书》《五经》《三国志》《东周列国志》《资治通鉴》《三十六计》《孙子兵法》《古文观止》等等。我还读了《金瓶梅》和很多古代艳情小说，直到今天我家里都还珍藏着四大名著和《金瓶梅》。有评论者说没有《金瓶梅》就没有《红楼梦》，信然，《金瓶梅》是我国古代第一部世情小说，也是第一部由古代文人独立完成的长篇小说，它的文学价值不可估量。

当然我读书也是有很大缺陷的，比如我对外国历史，外国文学的了解就知之甚少，印象中只读过一本《钢铁是怎样炼成的》，还有一本就是《福尔摩斯探案选》，真是惭愧啊。另外读书不求甚解，也是我的一大败笔，我对《四书》《五经》的学习就是囫囵吞枣。总之，我记得多，理解得少，而心得就更少。不过，我的写作还是有了一定的收获，这当中很多就直接得益于对书的掌握和转化。

一般说来我还跟得上时代的节奏，新时期文学比如茅盾文学奖作品《许茂和他的女儿们》《芙蓉镇》，尤其是陈忠实的《白鹿原》，我是一边读，一边击节赞叹。现代文学中我读得最多的是鲁迅和郭沫若的书，还有郁达夫和沈从文，当代人中余秋雨的书我也读过。我读书既有在书店一站几个小时的记录，也有灯下夜读的熬更守夜，既有雪夜闭门读禁书的悠闲，也有花前月下的长吟。读书使我快乐，使我明智，我从书中读到了人生，读到了智慧，读书也使我找到了幸福，避免了灾难，我的大半生虽然也有惊涛骇浪，但总能化险为夷。古人说"书中自有黄金屋，书中自有颜如玉，书中自有千钟粟，书中自有稻粱谋"，诚然这些都与我无缘，但大体上生活还是安逸的。

所以我感谢书，感谢知识，感谢我的书香岁月，我将乐此不疲地继续读下去，直到70岁80岁90岁，我的书香岁月。

〈代后记二〉

成都赋

◎胡跃先

西蜀故郡，中华名都。地当天府之国，史载九州宏图。金沙遗址，存古蜀之光彩；华阳旧城，传《禹贡》之方壶。秦国兼并，李冰始为郡守，遂淘都江之堰；大汉一统，文翁肇造石室，以教两川贤愚。刘备领蜀汉，诸葛治成都。三分天下有其一，六出祁山八阵图。唐玄宗幸蜀驻跸，前后蜀于此割据。李顺发难，成都独立；赵抃入川，腐败根除。更有明玉珍大夏之国，再称张献忠大西之都。清朝灭亡，尹昌衡权倾巴蜀；独夫授首，赵尔丰命丧沟渠。新中国屹立东方，成都府愿作前驱。

至若成都景色，清幽靓丽；花开富贵，风月无边。北有凤凰湖樱花如雪，南有梨花沟花舞人间。东有龙泉山桃花烁烁，西有石象湖菊花嫣然。香樟银杏高接千尺，杨树柳树情意绵绵。龙门龙泉山山相望，岷江沱江水水相连。春沐朝日，秋赏明月；夏观云海，冬玩白雪。有小桥流水之人家，叹丝竹管弦之音乐。

且喜经济素来繁茂，百业未尝凋零。汉唐锦官城富甲天下，宋代交子钱流通东京。蜀绣与苏绣共美，川剧与京剧齐

227

鸣。文化成都，人杰地灵。驷马桥，司马相如怀揣梦想；青城山，道陵仙师心寄苍生。武侯祠浩气凛然，青羊宫迷途觉醒。前后《出师表》，写尽忠诚；内外摩诃池，道出繁荣。李太白奇诗惊天下，杜少陵佳篇留圣名。宋有苏东坡，明有杨升庵。李调元气压江南，郭沫若笔润三潭。再者革命薪火，燎原于斯；志士仁人，奋斗坚持。吴玉章成都讲学，杨闇公巴蜀树旗。罗世文车耀先潜伏地下，张露萍田家英奔赴延安。刘伯承邓小平解放巴蜀，贺文常李井泉接管西川。

嗟乎，改革四十年，叠起高潮;奋斗千万人，独领风骚。创业之都风起云涌，科技之城比学赶超。成今天之富丽，还昨日之辉煌。龙门山龙泉山，花红柳绿；都江堰青白江，水白天长。天府新区，歌声婉转；华阳故里，笛韵悠扬。东进序曲，大幕徐徐；中优策略，气势昂昂。噫吁兮，大风起兮云飞扬，看我今口好家乡。桂花声接芙蓉树，秋月影照丽人装。锦江何滔滔，锦水何茫茫。千年之古城，凤鸣之朝阳。作赋者何人，成都胡跃先也。